DÉPARTEMENT DU CALVADOS

Écoles publiques

ORGANISATION PÉDAGOGIQUE

CAEN

CH. VALIN, IMPRIMEUR DE LA PRÉFECTURE

[illegible]

1899

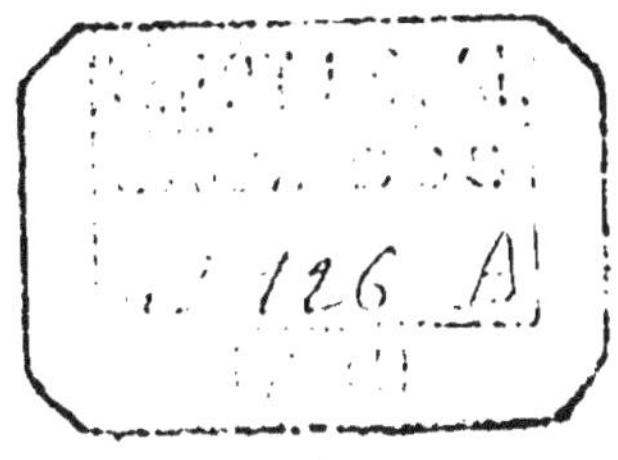

ORGANISATION PÉDAGOGIQUE

INTRODUCTION

Nous n'avons pas l'intention de rendre strictement obligatoire la présente *Organisation pédagogique* ; mais nous la proposons aux maîtres comme un guide duquel ils ne devront pas trop s'écarter. Nous les invitons donc à adapter le mieux possible cette organisation à leurs écoles, tout en tenant compte des besoins locaux, quand il y a lieu, et toujours sous la réserve de l'approbation de Messieurs les Inspecteurs primaires.

Nous recommandons aux maitres de bien se pénétrer des *directions pédagogiques* qui accompagnent les programmes, de les relire souvent et de solliciter au besoin les explications utiles de Messieurs les Inspecteurs primaires. Les prochaines conférences cantonales porteront du reste sur la mise en œuvre de cette *organisation pédagogique* déjà issue, pour une bonne part, des conclusions des dernières conférences d'automne.

Nous sommes toujours heureux quand on nous signale des améliorations dues à l'*initiative* intelligente et expérimentée des maitres. Les procédés qui sont le fruit d'une longue pratique de l'enseignement ont certes leur valeur; mais il importe qu'ils ne dégénèrent pas en une routine purement mécanique, exclusive de tout perfectionnement. En pédagogie, comme ailleurs, qui n'avance pas recule.

Maintenons haut notre idéal et restons persuadés qu'il n'est pas de tâche plus belle et plus élevée, mais en même temps plus délicate et plus difficile, que celle de l'éducation populaire, républicaine, dont nous avons la charge dans les enfants et les jeunes gens qui nous sont confiés.

Tout notre amour de l'enfance, toute notre ardeur et notre foi patriotiques, toutes nos pensées, nos aspirations et nos espérances les meilleures ne sont pas de trop pour nous guider et nous soutenir dans notre œuvre journalière, qui risquerait de devenir monotone et fastidieuse, si nous la considérions comme un simple métier et si nous l'accomplissions sans zèle et sans conviction.

Le pédagogue, comme l'artiste, doit avoir un idéal. Sa tâche ne consiste pas seulement à pourvoir l'écolier de connaissances pratiques dont il ne saurait se passer plus tard sans préjudice pour ses intérêts. Il doit surtout s'efforcer de former dans l'enfant, dans l'adolescent, *un homme*, c'est-à-dire, autant qu'il est possible, un être raisonnable et libre, sain de corps et d'esprit, à l'intelligence active, ouverte, curieuse de connaître la vérité, avide de s'instruire, douée de décision et d'initiative ; au cœur sensible, volontairement bon ; à la conscience clairvoyante, droite, énergique et foncièrement honnête.

Comme conséquence, nous dirons encore aux maîtres :

Veillez à ce que les enfants soient élevés, autant qu'il dépend de vous, suivant les règles de l'hygiène.

Étudiez bien attentivement leur tempérament, leurs goûts, leurs tendances, et travaillez patiemment à corriger leur caractère.

Usez d'un système disciplinaire peu compliqué mais ferme, qui anime, stimule, soutienne ou redresse les volontés sans les comprimer. Encouragez l'effort réel, récompensez-le plus que le succès facile, car il n'y a pas de résultat durable sans efforts. Ce qui importe surtout, c'est que l'enfant, se sentant aimé de vous, s'épanouisse dans la vérité et le bien et vous seconde volontairement dans sa propre éducation.

Préparez soigneusement vos leçons. Que votre enseignement, mis à la portée des élèves, soit le plus possible concret, intuitif, animé, suggestif. Que vos élèves soient actifs au cours de vos leçons. Que, par des interrogations bien conduites, ils soient amenés à réfléchir, puis à exprimer nettement leurs idées. Vous serez là pour rectifier au besoin leurs erreurs de jugement. Ne craignez pas les redites sous formes variées et les révisions fréquentes : elles sont indispensables pour que les choses, une fois bien comprises, se gravent dans la mémoire.

Efforcez-vous d'augmenter, autant qu'il dépendra de vous, la durée moyenne de la scolarité : un trop grand nombre d'élèves nous quittent encore avant leur quatorzième année, même sans être pourvus du certificat d'études. Trop peu fréquentent plus tard les cours d'adultes.

Surtout ne négligez aucun élève ni aucune division au profit de quelques autres. Vous vous devez également à tous. « C'est par les résultats obtenus sur l'ensemble de « votre classe et non pas seulement sur une élite, que « votre œuvre pédagogique sera appréciée. »

Enfin, relisez souvent, avec les présentes directions pédagogiques, les magistrales instructions qui accompagnent les programmes ministériels. (Voyez Bulletin scolaire, 1882, page 211 et suivantes.) Vous ne sauriez trop vous pénétrer du sens aussi lumineux que profond, en même temps que de l'esprit libéral et généreux dont elles sont animées.

ARRÊTÉ DU 18 JANVIER 1887

ayant pour objet l'exécution de la loi organique de l'enseignement primaire

(EXTRAIT)

. . . .

CHAPITRE II

Écoles primaires élémentaires

SECTION Ire

ART. 9. — L'enseignement dans les écoles primaires élémentaires est partagé en trois cours : cours élémentaire, cours moyen, cours supérieur.

La constitution de ces trois cours est obligatoire dans toutes les écoles, quel que soit le nombre des classes et des élèves. (V. circ. minist. du 21 décembre 1898.)

ART. 10. — La durée des études se divise comme il suit :

Section enfantine : un ou deux ans, suivant que les enfants entrent à 6 ou à 5 ans.

Cours élémentaire : deux ans, de 7 à 9 ans ;

Cours moyen : deux ans, de 9 à 11 ans ;

Cours supérieur : deux ans, de 11 à 13 ans.

ART. 11. — Dans les écoles qui n'ont qu'un maître et qu'une classe, il ne pourra être établi aucune division ni dans le cours moyen ni dans le cours supérieur ; il n'en pourra être établi plus de deux pour les enfants au-dessous de 9 ans.

Dans les écoles qui n'ont que deux maîtres, l'un sera chargé du cours moyen et du cours supérieur, l'autre du cours élémentaire, y compris, s'il y a lieu, la section des enfants au-dessous de sept ans.

Dans les écoles qui ont trois maîtres, chaque cours forme une classe distincte.

Dans les écoles à quatre classes, le cours élémentaire comptera deux classes, chacun des deux autres cours une seule classe.

Dans les écoles à cinq classes, le cours élémentaire comptera deux classes, le cours moyen deux, le cours supérieur une.

Dans les écoles à six classes, chacun des trois cours formera deux classes, à moins que le nombre des élèves du cours supérieur ne permette de les réunir en une seule classe.

Art. 12. — Toutes les fois qu'un même cours comprendra deux classes, l'une formera la première année du cours, l'autre la seconde.

Ces deux classes suivront le même programme ; mais les leçons et les exercices seront gradués de telle sorte que les élèves puissent, dans la seconde année, revoir, approfondir et compléter les études de la première.

Art. 13. — Au-dessus de six classes, quel que soit le nombre des maîtres, aucun cours ne devra former plus de deux années. Les classes en plus du nombre de six, non compris la section enfantine, seront des classes parallèles destinées à dédoubler l'effectif, soit de la première, soit de la seconde année.

Art. 14. — Chaque année, à la rentrée, les élèves, suivant leur degré d'instruction, sont répartis par le directeur dans les diverses classes des trois cours, sous le contrôle de l'inspecteur primaire.

Le certificat d'études donne droit à l'entrée dans le cours supérieur.

Art. 15. — Chaque élève, à son entrée à l'école, recevra un cahier spécial qu'il devra conserver pendant toute la durée de sa scolarité. Le premier devoir de chaque mois, dans chaque ordre d'études, sera fait sur ce cahier par l'élève, en classe et sans secours étrangers, de telle sorte que l'ensemble de ces devoirs permette de suivre la série des exercices et d'apprécier les progrès de l'élève d'année en année. Ce cahier restera déposé à l'école.

Art. 16. — Tout concours entre les écoles publiques auquel ne participerait pas l'ensemble des élèves de l'un au moins des trois cours est formellement interdit.

Art. 17. — L'enseignement donné dans les écoles primaires publiques se rapporte à un triple objet : éducation physique, éducation intellectuelle, éducation morale. Les leçons et exercices gradués qu'il comporte sont répartis dans le cours d'études, conformément aux programmes annexés au présent arrêté.

Art. 18. — Au commencement de chaque année scolaire, le tableau de l'emploi du temps par jour et par heure est dressé par le directeur de l'école, et, après approbation de l'inspecteur primaire, il est affiché dans les salles de classe.

Art. 19. — La répartition des exercices doit satisfaire aux conditions générales ci-après déterminées :

I. — Chaque séance doit être partagée en plusieurs exercices différents coupés par les récréations réglementaires.

II. — Les exercices qui demandent le plus grand effort d'attention, tels que les exercices d'arithmétique, de grammaire, de rédaction, seront placés de préférence le matin, ou, dans les écoles de demi-temps, au commencement de la classe.

III. — Toute leçon, toute lecture, tout devoir, sera accompagné d'explications orales et d'interrogations.

IV. — La correction des devoirs et la récitation des leçons ont lieu pendant les heures de classe auxquelles se rapportent ces devoirs et ces leçons. Dans la règle, les devoirs sont corrigés au tableau noir en même temps que se fait la visite des cahiers. Les rédactions sont corrigées par le maître en dehors de la classe.

V. — Les trente heures de classe par semaine (non compris le temps que les élèves peuvent consacrer, soit à domicile, soit dans des études surveillées, à la préparation des devoirs et des leçons) devront être réparties d'après les indications suivantes :

1° Il y aura chaque jour, dans les deux premiers cours, une leçon qui, sous la forme d'entretien familier, ou au moyen d'une lecture appropriée, sera consacrée à l'instruction morale. Dans le cours supérieur, cette leçon sera, autant que possible, le développement méthodique du programme de morale ;

2° L'enseignement du français (exercices de lecture, lectures expliquées, leçons de grammaire, exercices de composition, etc.) occupera tous les jours environ deux heures ;

3° L'enseignement scientifique occupera en moyenne, et suivant les cours, d'une heure à une heure et demie par jour, savoir : trois quarts d'heure ou une heure pour l'arithmétique et les exercices qui s'y rattachent, le reste pour les leçons de choses et les premières notions scientifiques ;

4° L'enseignement de l'histoire et de la géographie, auquel se rattache l'instruction civique, comportera environ une heure de leçon tous les jours ;

5° Le temps consacré aux exercices d'écriture proprement dite sera d'une heure au moins par jour dans le cours élémentaire, et se réduira graduellement à mesure que les divers devoirs, dictés ou rédigés, pourront en tenir lieu ;

6° L'enseignement du dessin, commencé par des leçons très courtes dès le cours élémentaire, occupera dans les deux autres cours deux ou trois leçons chaque semaine ;

7° Les leçons de chant occuperont d'une à deux heures par semaine, indépendamment des exercices de chant, qui auront lieu tous les jours à la rentrée et à la sortie des classes ;

8° La gymnastique, outre les évolutions et les exercices sur place qui peuvent accompagner les mouvements de classe, occupera tous les jours ou au moins tous les deux jours une séance dans le courant de l'après-midi.

En outre, dans les communes où les bataillons scolaires sont constitués, les exercices de bataillon ne pourront avoir lieu que le jeudi et le dimanche ; le temps à y consacrer sera déterminé par l'instructeur militaire de concert avec le directeur de l'école ;

9° Enfin, pour les garçons, aussi bien que pour les filles, deux ou trois heures par semaine seront consacrées aux travaux manuels.

. . . .

. . . .

Fait à Paris, le 18 janvier 1887.

Signé : BERTHELOT.

LA LEÇON ORALE[1]

Quel que soit l'objet des leçons orales, la marche à suivre pour la *préparation et la forme de la leçon* est soumise à des règles générales qui peuvent se formuler ainsi :

1° *Préparation*

Le SUJET de la leçon étant bien délimité, le maître, livre de l'élève en main, s'attache tout d'abord à discerner ce qui peut être passé sous silence, parce que l'enfant pourra de lui-même le comprendre et l'apprendre, — et ce qui doit être expliqué ou décrit, comme obscur, abstrait, incomplet, etc.

Le maître établit alors le PLAN, c'est-à-dire jalonne les étapes et les repos de la route à parcourir. — Il recherche et arrête par quels *procédés* rationnels il pourra mettre l'*intuition* et l'*imagination* au service du *raisonnement ;* comment il piquera la curiosité, soutiendra l'attention de son auditoire, en un mot comment il rendra sa leçon intéressante et profitable. — S'il y a lieu, il prépare le matériel dont il aura à se servir.

2° *Forme de la leçon*

a) Avant d'exposer la nouvelle leçon, le maître interroge sur la dernière : les questions sont brèves et exigent des réponses étendues. Puis, soit par la méthode interrogative, soit par la méthode expositive, soit par les deux méthodes combinées, soit en commentant le texte du livre de l'élève, le maître *explique* la leçon du jour, en suivant le plan et en employant les procédés adoptés au moment de la préparation. Autant que possible, il aura recours à l'*Enseignement par l'aspect* (objets, images, cartes, croquis au tableau, expériences).

b) Après chaque étape parcourue, et aussi à la fin de la leçon, le maître se résume, et, par l'*interrogation*, s'assure qu'il a été compris.

c) Si le livre de l'élève ne fournit pas de résumés, certaines leçons seront suivies de la rédaction ou de la copie d'un RÉSUMÉ concis et clair, qui pourra être appris par cœur.

d) S'il y a lieu, des DEVOIRS D'APPLICATION seront proposés sinon immédiatement, du moins peu de temps après la leçon.

MORALE

I. — But de cet enseignement

L'enseignement moral a pour but d'éveiller et de fortifier chez l'enfant les sentiments qui font l'honnête homme, en le poussant à pratiquer ce qui est bien et à éviter ce qui est mal. « Il complète, relie, relève et ennoblit tous les « enseignements de l'école : il tend à développer dans « l'homme, l'homme lui-même, c'est-à-dire un cœur, une « intelligence, une conscience ; il a pour but de faire « vouloir, non de faire savoir ; il est l'art d'incliner la « volonté vers le bien. »

II. — Méthode et procédés

I. — Pour les cours préparatoire et élémentaire, la circulaire du 17 novembre 1883 « recommande, de « préférence à l'étude prématurée d'un traité quelconque, « ces causeries familières, ces explications à la suite de « lectures et de leçons diverses, ces mille prétextes « qu'offrent la classe et la vie de tous les jours, pour « exercer le sens moral de l'enfant ». Donc, « peu de « formules, peu d'abstractions, beaucoup d'exemples, et « surtout d'exemples pris sur le vif de la réalité ».

II. — Pour les cours moyen et supérieur, la préparation des leçons, qui pourra être faite sur carnet spécial, contiendra : l'indication du plan et des idées essentielles à développer ; — des références pour les exemples à citer et lectures à faire ; le résumé (texte ou indication).

III. — Chaque leçon comprendra : 1° la récitation du résumé de la leçon précédente, et des interrogations ; 2° l'exposé de la nouvelle leçon, avec exemples à l'appui ; 3° de brèves interrogations sur cet exposé ; 4° un résumé concis et clair qui sera appris par cœur.

IV. — Les morceaux de récitation, lectures littéraires, sujets de rédaction, se rapporteront fréquemment aux leçons de morale.

V. — Chaque jour, au commencement de la classe du matin, un proverbe, une maxime, une sentence, se rapportant autant que possible à la leçon de morale du jour, sera inscrit au tableau noir, et copié par les élèves après explication.

III. — Nombre et durée des leçons

I. — Il sera fait, par semaine, trois leçons spéciales de morale, de vingt minutes chacune, dont une sera une causerie ayant pour but de combattre un défaut remarqué chez les enfants, ou de faire naître en eux une qualité.

II. — Le samedi, à la fin de la classe, on donnera des conseils relatifs à la tenue, à la conduite à l'école, à la maison, dans les rues, à table, en visite, etc. (petit cours de civilité).

IV. — *Rôle du livre*

I. — Le livre de morale est inutile dans les deux cours inférieurs.

II. — Il peut être employé, mais seulement comme ouvrage de lecture et de revision avec résumés à apprendre par cœur, dans les cours moyen et supérieur.

MORALE

MOIS	COURS ÉLÉMENTAIRE & COURS PRÉPARATOIRE pour les écoles à deux classes
FIN SEPTEMBRE	Mêmes leçons qu'aux cours moyen et supérieur.
OCTOBRE	**La Famille.** — L'amour maternel. L'amour paternel. Devoirs des enfants envers leurs parents.
NOVEMBRE	**La Famille.** — Les grands-parents. Devoirs réciproques des frères et des sœurs, oncles, tantes, cousins. Devoirs envers les serviteurs.
DÉCEMBRE	**L'École.** — Devoirs du bon écolier envers lui-même, envers son maître, envers ses camarades. Portrait du bon élève. *Revision trimestrielle.*
JANVIER	**La Patrie.** — Ce qu'est la Patrie. Ce que nous lui devons. Devoirs des jeunes enfants. Application en classe. Fréquentation régulière à l'école. Le Drapeau. Respect aux lois.

MORALE

COURS MOYEN & COURS SUPÉRIEUR
Conseils à l'occasion de la rentrée ; bonnes résolutions à prendre en commençant l'année scolaire.
La Famille. — La famille autrefois et aujourd'hui. Le mariage. Le chef de famille. Divers devoirs des enfants envers leurs parents. L'autorité paternelle. L'amour filial.
La Famille. — La parenté. Les grands-parents. Frères et sœurs. Devoirs des aînés. L'ancien droit d'aînesse. Oncles et tantes, etc. De l'esprit de famille. Devoirs envers les serviteurs et devoirs de ceux-ci.
L'École. — L'obligation scolaire. L'assiduité. La docilité. Le travail. L'instituteur. Les condisciples. La délation. L'hypocrisie. La bonne camaraderie. L'émulation. La bonté. La franchise. Protection due aux plus petits. Le bon exemple. *Revision trimestrielle.*
La Patrie. — Idée de patrie. Attachement au sol natal. Ce que nous devons à la France, foyer des idées. Grandeurs et malheurs de la patrie. Culte des grands citoyens. Solidarité nationale. La devise républicaine. Patriotisme. Cosmopolitisme. Chauvinisme. Le drapeau. Les devoirs de l'enfant, du jeune homme et du citoyen. L'obligation du devoir militaire. La discipline. La guerre. Dévoûment suprême. Nécessité de l'impôt. Le vote. Obéissance aux lois et respect des institutions sociales.

MOIS	COURS ÉLÉMENTAIRE & COURS PRÉPARATOIRE pour les écoles à deux classes
FÉVRIER	**Devoirs de l'homme envers lui-même.** — Devoirs envers le corps. Les soins du corps. L'hygiène. La gymnastique. La tempérance. S'abstenir des boissons alcooliques, du tabac.
MARS	**Devoirs de l'homme envers lui-même.** — Les biens extérieurs. Le jeu. Les dettes. L'avarice et l'économie. Le travail et ses avantages. *Revision trimestrielle.*
AVRIL	**Devoirs envers l'âme.** — Le bien et le mal. Les défauts : orgueil, envie, mensonge, colère, brutalité. La paresse et ses conséquences. Vertus contraires : humilité, bienveillance, sincérité, douceur, activité, etc.

COURS MOYEN & COURS SUPÉRIEUR
Devoirs de l'homme envers lui-même. — Le corps. Hygiène, gymnastique, tempérance, funestes conséquences de l'abus des liqueurs fortes, du tabac. La morale de l'intérêt. La dignité personnelle. Respect de la parole donnée.
Devoirs de l'homme envers lui-même. — Les biens extérieurs. La prodigalité. Le jeu, les dettes. L'ordre. Le travail : sa nécessité, sa noblesse et son action moralisatrice. L'économie. L'avarice.   **Devoirs envers l'âme.** — Le bien et le mal. Les vices et les défauts : l'ivresse, la colère. Les vertus : le courage, la loyauté, la sobriété, la patience. La douceur. La liberté et la responsabilité. La loi écrite et la loi morale. La conscience.   *Revision trimestrielle.*
Devoirs envers les animaux. — La loi Grammont, société protectrice des animaux. Protection due aux oiseaux et aux animaux utiles.   **Devoirs envers nos semblables.** — Justice et charité. Respect de la vie, de la liberté, du bien, de l'honneur et de la réputation d'autrui. Respect dû principalement aux vieillards et aux infirmes.

MORALE

MOIS	COURS ÉLÉMENTAIRE & COURS PRÉPARATOIRE pour les écoles à deux classes
MAI	**Devoirs envers les animaux.** — Les auxiliaires de l'homme. La loi Grammont. Sociétés protectrices des animaux. Les oiseaux.
JUIN	**Devoirs envers nos semblables.** — Justice et charité. Respect de la vie, de la propriété et de la réputation d'autrui. Bonté. Fraternité. Respect dû aux vieillards et aux infirmes. Être charitables à ceux qui souffrent. Devoirs envers Dieu.
JUILLET	

MORALE

COURS MOYEN & COURS SUPÉRIEUR
Devoirs envers nos semblables. — Respect des opinions et des croyances diverses. Le duel. La guerre. L'esclavage. Liberté du travail. La charité, bienveillance, reconnaissance, clémence. La fraternité, le dévoûment, le sacrifice. L'égoïsme. Les sociétés mutuelles de prévoyance, d'assurance, de secours, etc. **Devoirs envers Dieu.** — Idée de la divinité. Les religions.
Revision trimestrielle et revision générale.
Revision générale.

INSTRUCTION CIVIQUE

I. — But de cet enseignement

I. — Répandre dans tous les rangs de la société ces simples notions que nul ne doit ignorer, sur l'organisation politique, administrative et judiciaire de la France.

II. — Habituer les élèves à juger les institutions de leur temps par l'étude comparée des transformations progressives opérées dans les mœurs et dans les lois, — et leur inspirer ainsi l'amour de la République.

III. — En un mot, sauvegarder les intérêts les plus sacrés de la Patrie, en lui préparant de bons citoyens, conscients de leurs droits, mais aussi soucieux de leurs devoirs.

II. — Programme et méthode

I. — L'Enseignement civique a pour base les principes immortels de liberté, d'égalité, de fraternité, proclamés par nos pères dans la célèbre « Déclaration des Droits de l'Homme et du Citoyen », et dont notre organisation politique et sociale constitue l'application.

II. — Dans le cours élémentaire, le maître se bornera, à l'aide de causeries familières, et autant que possible en procédant par voie d'interrogation, à classer et à compléter les simples notions que l'enfant a pu acquérir dans son milieu : la vie communale, l'école et l'enseignement, le tirage au sort et l'armée, la justice, etc.

III. — Pour les cours moyen et supérieur, on adoptera un programme et une répartition uniques. L'enseignement sera régulier et plus méthodique. — Pour fortifier l'instruction civique, le maître fera fréquemment appel aux sentiments patriotiques, éveillés et développés par les leçons d'histoire et de géographie.

III. — Rôle du Livre

Pas n'est besoin de mettre un livre aux mains des petits; mais le manuel est un auxiliaire indispensable aux grands: il aide à formuler la pensée, permet les revisions, coordonne les principes, enfin sert au travail personnel de l'élève, et, par la lecture, l'étude, les exercices écrits, etc. à graver profondément dans l'esprit les notions expliquées au cours des leçons orales.

IV. — Leçon

L'instruction civique comporte, par semaine, deux leçons, suivies d'un résumé écrit pour les cours moyen et supérieur. Ce résumé sera tantôt l'œuvre personnelle des élèves, tantôt il sera fourni par le maître.

DIVISIONS MENSUELLES

COURS MOYEN ET COURS SUPÉRIEUR

Octobre. — La famille et la patrie. La déclaration des droits de l'homme et du citoyen. La souveraineté nationale. La Constitution républicaine de 1875.

Novembre — Les grands pouvoirs de l'État : le pouvoir exécutif et le pouvoir législatif. Le Président de la République. La Chambre des députés. Le Sénat. La loi.

Décembre. — L'administration centrale : les grands services de l'État. Les ministres.

Revision trimestrielle.

Janvier. — L'administration départementale : le préfet, le conseil général.

Février. — L'administration communale : le maire, le conseil municipal, les diverses autorités locales.

Mars. — La justice. L'organisation des tribunaux. Revision semestrielle.

Avril. — L'enseignement à ses divers degrés. L'obligation scolaire.

Mai. — La force publique. L'armée. Le service militaire obligatoire.

Juin. — Les finances : l'impôt. Les institutions de prévoyance.

Juillet. — Revision générale.

LECTURE

DIRECTIONS POUR LES DIFFÉRENTS COURS.

Cours préparatoire. — Bien graduer les leçons en employant une bonne méthode : faire d'abord connaître les voyelles, puis trois ou quatre consonnes qui formeront des syllabes et des mots d'objets ou d'êtres connus des enfants; apprendre ainsi successivement toutes les consonnes simples, ensuite les voyelles et les consonnes composées, etc.; au fur et à mesure, en former des syllabes, des mots et des phrases. Supprimer, pour ce cours, tout ce qui constitue des exceptions, ne faire nommer ni apostrophes, ni accents et se servir du *tableau noir*, en employant concurremment les caractères romains et la cursive en vue de l'écriture.

Lecture collective d'abord, puis individuelle.

(4 leçons d'un quart d'heure environ chacune, par jour).

Cours élémentaire. — Les premières pages, tout au moins, du premier livre de lecture doivent présenter des syllabes séparées ; il serait bon également que les lettres muettes fussent imprimées en caractères différents. — Le maître lit d'abord, les élèves suivent, puis lecture collective et en mesure ; enfin, lecture individuelle sans suivre l'ordre des enfants qui composent le cours.

Explication du sens du morceau lu et des mots que l'on supposerait n'être pas compris des élèves. Intonation, articulation nette.

(2 leçons de 20 minutes chacune par jour.)

Cours moyen et supérieur. — Lecture courante accentuée ; intonation, liaisons, ponctuation, articulation. L'instituteur lit quelques alinéaspour indiquer le ton. Peu de lecture collective; exercer surtout les élèves les plus faibles, corriger les défauts de prononciation. Explication des mots, des locutions, des expressions, du sens de certaines phrases soulignées préalablement (afin de se limiter). Être assez sobre mais précisdans ces explications, pour que la leçon de lecture reste ce qu'elle doit être. Enfin, compte rendu verbal du chapitre ou du fragment lu par un ou plusieurs enfants, ou résumé écrit donné pour devoir.

Une leçon d'une demi-heure chaque jour.

Les livres de lecture doivent être instructifs, intéressants et rédigés en vue de l'âge, de l'intelligence et du degré d'instruction des élèves.

RÉCITATION

Directions. — Pour chacun des cours, les morceaux sont appropriés à l'âge et à l'intelligence des élèves ; le cours préparatoire apprendra ces morceaux par audition ; les autres cours les apprendront par cœur, soit dans un livre, soit encore dans un cahier où ces extraits auraient été écrits après les explications nécessaires

On ne doit choisir que des morceaux de bons auteurs, correctement écrits, servant à la culture morale, et généralement en rapport avec les leçons de l'enseignement éducatif. (Voir le nota des lectures littéraires.)

Pour arriver à obtenir un ton convenable, l'Instituteur lit d'abord le morceau d'une manière expressive, puis le fait lire collectivement, les syllabes étant nettement détachées, et ensuite individuellement par plusieurs élèves.

Revisions fréquentes, afin de ne pas oublier ce qui a dû être textuellement appris. Beaucoup de variété dans le genre des morceaux et dans les auteurs.

Dans les cours préparatoire et élémentaire, on ne doit apprendre que de la poésie. (Progr. 27 juillet 1882.)

(2 leçons de 20 minutes chacune par semaine.)

CHOIX DE SIX MORCEAUX TYPES

Cours Préparatoire

La Rénoncule et l'Œillet . . . Béranger.
Ba, be, bi, bo, bu . . . . M. de Pressensé.
L'Araignée et le Ver à soie . . Le Bailly.
Le Pinson et la Pie . . . . Mme de la Ferandière.
L'oreiller d'un enfant. . . . . Mme Desbordes-Valmore.
Demain . . . . Tournier.

Cours Élémentaire

Les lunettes . . . . Ratisbonne.
Le Corbeau et le Renard . . . La Fontaine.
Tu seras soldat . . . . De Laprade.
Petite mère, c'est toi . . . . . Sophie Hue.
La Guenon, le singe et la noix. Florian.
Le nid de Fauvettes. . . . . . Berquin.

Cours Moyen (et supérieur, s'il y a lieu)

Après la Bataille . . . . V. Hugo.
Le Sifflet . . . . Franklin.
Un trait de Louis XII. . . . . Andrieux.
L'aveugle et le paralytique. . Claretie.
Le laboureur et ses enfants. . La Fontaine.
Les volontaires de 1792 . . . . Michelet.

Certains morceaux doivent être quelquefois remplacés, selon qu'il s'agit d'une école de filles ou d'une école de garçons.

LECTURES LITTÉRAIRES

Elles ont pour but, ainsi que les exercices de récitation, de faire naître et de développer les idées morales, le patriotisme, d'étendre le vocabulaire, de contribuer aux progrès de l'orthographe, du style surtout ; elles font connaître les bons auteurs et leurs meilleurs ouvrages, développent le goût, le sentiment du beau.

Directions. — Étudiées, faites et expliquées par le maître, il suffit, pour que ces lectures donnent de bons résultats qu'elles soient parfaitement choisies ; pour les cours inférieurs, il est nécessaire qu'on les emprunte aux auteurs qui ont écrit spécialement pour les enfants, tels que Ratisbonne, Desnoyers, Girardin, J. Macé, Stahl, Delon, etc.

Pour les autres cours, on trouvera toujours dans nos grands auteurs : Corneille, Racine, Molière, La Fontaine, Voltaire, Rousseau, Chateaubriand, Lamartine, V. Hugo, de Vigny, Musset, A. Thierry, Michelet, etc., des pages se rapportant aux leçons de morale, d'instruction civique et d'histoire.

NOTA. — Non seulement on fera remarquer les tours de phrase élégants et les belles pensées, mais on essayera aussi d'obtenir un jugement exact sur l'idée morale et sur la forme du morceau. — Enfin, on fournira quelques détails sur la vie de l'auteur ; on indiquera les principaux ouvrages et les genres dans lesquels il a excellé. Utiliser les bibliothèques scolaires pour donner le goût de la lecture aux élèves.

2 lectures de 20 minutes chacune par semaine.

Il est inutile, et pour ces lectures, et pour la récitation des morceaux choisis, de mettre un ouvrage entre les mains des enfants.

LANGUE FRANÇAISE

GRAMMAIRE. — ORTHOGRAPHE. — RÉDACTION

I. — But de cet enseignement et Méthode

L'enseignement du *français* dans les Écoles primaires a pour objet, « non d'exercer nos élèves à *écrire* dans le sens littéraire qu'on prête à ce mot, mais simplement de leur apprendre à *observer*, à *réfléchir* et à exprimer sous une forme *juste* des pensées justes ». (Gréard.) Nous développerons ainsi le *jugement* des enfants ; nous leur donnerons le goût de la précision, et par là même « l'invasion des idées fausses » sera rendue plus difficile.

Les leçons seront commencées dès l'arrivée des enfants en classe. Elles porteront tout d'abord sur les *mots* et les *objets* déjà familiers aux élèves, et seront dirigées en vue de rendre progressivement et à la fois les idées plus nettes et plus étendues, le vocabulaire plus précis et plus riche.

On arrivera ainsi aux exercices de *composition,* qui « ne seront plus, comme il arrive trop souvent, des exercices superficiellement plaqués sur les études de la dernière henré, mais des exercices fondamentaux commencés dès la petite classe et propres à fortifier les plus solides qualités de l'esprit ». (Gréard.)

II. — Directions et Procédés

§ 1er. — Grammaire

1° COURS PRÉPARATOIRE

I. — A l'occasion des leçons de lecture, des exercices de vocabulaire et d'élocution, on familiarisera peu à peu les enfants avec l'idée du *nom*, et l'*adjectif* et du *verbe.* —

Ces notions seront étudiées sous une forme essentiellement orale et concrète.

II. — Les leçons affecteront l'allure de causeries, dans lesquelles les enfants joueront un rôle très actif.

III. — On s'en tiendra, pour les exercices de conjugaison, aux verbes simples et usités pris aux temps les plus employés.

IV. — Les exercices d'application, presque exclusivement oraux, seront variés et courts.

2° Cours Elémentaire

I. — Le programme comportera l'étude des règles générales et des exceptions les plus importantes.

II. — Toute leçon, avant d'être apprise par les élèves, sera expliquée par le maître. D'une façon générale, c'est en partant d'exemples choisis à l'avance, ou trouvés par les enfants à l'aide de questions bien posées, que le maître arrivera à formuler les *définitions*, les *règles*, et, plus tard, les *exceptions*.

III. — Les exercices d'application, choisis de telle sorte que l'enfant ait toujours à produire un effort intellectuel, seront courts, simples et de forme variée.

Ils seront *écrits* ou *oraux*.

IV. — La correction des devoirs écrits sera faite en commun, et donnera lieu — comme les exercices oraux — à des explications concernant les fautes commises, explications fournies, autant que possible, par les élèves intéressés.

3° Cours moyen et supérieur

I. — Dans ces deux cours, la méthode générale reste la même que dans le cours élémentaire ; — mais on exigera des élèves plus d'efforts personnels, un raisonnement plus rigoureux, et moins de procédés mécaniques.

II. — Toute leçon sera suivie d'exercices d'application (oraux ou écrits). La correction de ces derniers sera faite comme il est dit plus haut. Parfois même, le maître se contentera de faire souligner les fautes commises, laissant à leurs auteurs le soin de les rectifier, ce qui nécessite une analyse et un raisonnement.

§ 2. — Analyses et Conjugaisons

I. — Les exercices d'analyse et de conjugaison, pour le cours préparatoire, seront toujours oraux et très élémentaires.

II. — Dans les autres cours, les exercices d'analyse grammaticale seront le plus souvent oraux et raisonnés. Ils accompagneront avantageusement la dictée, et nécessairement la correction des devoirs de grammaire. On donnera un devoir écrit par semaine, et le travail portera de préférence sur des mots choisis avec discernement, dans un texte de dictée, par exemple.

III — L'analyse logique, pour le cours élémentaire, sera très simplifiée : le maître se bornera à faire reconnaître les trois parties essentielles d'une proposition donnée ou fournie par les enfants (verbe, sujet, compléments).

IV. — Dans les cours moyen et supérieur, l'analyse logique sera étudiée au point de vue du mécanisme de la construction des phrases : ordre logique, inversions, place des compléments, leur rôle, subordonnées, etc.

V. — Les exercices de conjugaison, abordés sous une forme appropriée dès le cours préparatoire, commenceront dès le début de l'année. Ils seront généralement oraux. On pourra toutefois, dans les autres divisions, proposer des devoirs écrits ; mais on tâchera que le travail exige des élèves autant de raisonnement que de mémoire (faire passer un texte d'un temps à un autre, en changer le mode, la personne, le nombre, la voix, etc).

VI. — Il sera bon, au point de vue de l'orthographe, de donner des exercices de conjugaisons comparées.

VII. — Dans les cours moyen et supérieur, les élèves devront être familiarisés avec la signification des modes et des temps du verbe.

§ 3. — Élocution et Rédaction

1° Cours Préparatoire

I. — Par des *exercices de langage* réguliers et bien gradués, les élèves seront préparés à la composition française dès le commencement de leur temps de scolarité : cela est à la fois nécessaire et possible, sinon facile.

II. — Au début, le maître aura surtout pour objectif d'encourager les enfants à se servir du vocabulaire restreint et imparfait qu'ils possèdent déjà, et leur faire exprimer leurs idées, en s'entretenant avec eux sous une forme familière, et en quelque sorte maternelle, de sujets qui leur soient bien connus. — Il conviendra, durant cette période, de ne pas attacher trop d'importance à la forme des réponses ; mais peu à peu, et très doucement, on rectifiera les mots et les idées quand il y aura lieu, pour arriver, enfin à exiger de petites phrases correctes.

III. — Les leçons de lecture et les leçons de choses, si elles sont bien conduites, permettront d'enrichir le vocabulaire des enfants et d'étendre le cercle de leurs connaissances, deux choses qui doivent marcher de front. A ce même point de vue, le maître aura recours aux exercices d'observation et d'intelligence (énumération, description, définitions, gravures, etc).

IV. — Vers la fin de l'année, si le maître le juge possible, les réponses fournies par les élèves sur une suite de questions se rapportant à un même sujet, pourront être écrites au tableau noir, puis reportées sur le cahier : c'est un acheminement vers la rédaction.

2° Cours Elémentaire

I. — Dans les cours élémentaire et moyen, les exercices d'élocution et de vocabulaire (oraux ou écrits) continueront. Outre leur objet propre, ils devront tendre à développer chez les élèves le sens de l'observation méthodique et réfléchie, soit directe, soit de mémoire. Ces exercices constitueront souvent une excellente préparation orale à des devoirs écrits sur les mêmes sujets.

II. — Tout sujet de devoir écrit sera choisi de telle sorte qu'il éveille dans l'esprit des enfants auxquels il est destiné des idées assez nettes et assez simples pour être facilement exprimées. Un questionnaire, d'abord, et plus tard un canevas détaillé évoqueront ces idées ou les suggéreront et en marqueront l'enchaînement.

III. — Le développement sera divisé en paragraphes, correspondant aux questions ou aux différents points du canevas. Autant que possible, exiger des phrases courtes.

IV. — Tout devoir de rédaction donnera lieu à une correction orale et collective. Les principales fautes relevées seront expliquées et rectifiées au tableau noir. — Avec des phrases bien construites, prises dans différents devoirs, on pourra constituer un « corrigé » que les élèves copieront, ou qui sera dicté comme exercice d'orthographe.

3e Cours Moyen et Cours Supérieur

I. — Les sujets de devoirs écrits seront choisis et préparés en vue de développer chez les élèves toutes les facultés intellectuelles. Ils varieront nécessairement avec les milieux. En général, ils se rapporteront à la vie de famille, à la vie de l'école, à la saison et à ses travaux. — Ceux qui seront choisis en vue des examens du certificat d'études, c'est à dire tirés des leçons faites en classe, seront conçus de telle sorte que leur développement exige autre chose qu'un effort de mémoire : ils devront, comme les autres, exercer la réflexion, le jugement, l'observation personnelle, l'imagination.

II. — La préparation immédiate des devoirs deviendra, progressivement, le travail de plus en plus personnel des élèves. Au début, on y procédera en commun : les enfants seront habitués à trouver l'idée principale du sujet, puis à rechercher méthodiquement et à grouper d'une façon rationnelle, les idées accessoires qui s'y rapportent ; en d'autres termes, on ne se contentera pas de leur fournir le plan, on leur montrera à l'établir. — Les élèves du cours supérieur seront toujours livrés à eux-mêmes, sauf quelques indications générales destinées à préciser le sujet.

III. — Tout en poussant les élèves à faire des phrases courtes, on les habituera à éviter la sécheresse et le vague par l'usage rationnel des compléments circonstanciels.

IV. — Les devoirs seront vus par le maître *en dehors des classes*, et les principales fautes rectifiées ou au moins soulignées, sauf dans les devoirs trop défectueux. Les bons passages seront signalés, et une note générale résumera l'impression du maître. Un compte rendu oral du devoir sera ensuite donné au tableau noir : le maître lit ou fait lire un ou plusieurs devoirs choisis en connaissance de cause ; les phrases ou passages présentant des défauts caractéristiques (répétitions, équivoques, lourdes incorrections, etc., etc.) sont inscrits au tableau noir et corrigés en commun ; le maître signale les fautes similaires relevées dans les devoirs du jour, et en fait donner la rectification. Un corrigé, fourni par les meilleurs passages de différents devoirs, — par le meilleur devoir retouché, — par une dictée, etc., sera lu ensuite. Il y aura souvent intérêt à faire recommencer un devoir généralement mal réussi.

V. — Le genre épistolaire fera l'objet d'une étude spéciale (disposition, ton, formules finales, etc.)

GRAMMAIRE — ANALYSES — CONJUGAISONS

MOIS	COURS PRÉPARATOIRE	COURS ÉLÉMENTAIRE	COURS MOYEN & SUPÉRIEUR (ÉCOLES A UNE CLASSE)	*OBSERVATIONS*
OCTOBRE	Faire **nommer** des personnes, des animaux, les choses de l'école, des objets connus.	**GRAMMAIRE.** - Les **mots** : syllabes, lettres, voyelles et consonnes. Signes orthographiques, nature et usage. Nature et distinction du nom, de l'adjectif et du verbe. **ANALYSE.** - Exercices en rapport avec les leçons de grammaire. **CONJUGAISON.** - Présent et futur des verbes auxiliaires. Étude et épellation.	**GRAMMAIRE.** — Éléments des mots : signes orthographiques et ponctuation. Leur emploi. Définition et distinction du nom, de l'adjectif et du verbe. (Revision.) Règles générales d'accord : **genre, nombre, personne.** **ANALYSE.** — En rapport avec les leçons de grammaire. **CONJUGAISON.** — (Voir programme de décembre.)	Dans toutes les classes, les élèves des COURS MOYEN et SUPÉRIEUR seront familiarisés avec les éléments d'étymologie usuelle par des exercices oraux et écrits sur les principaux préfixes et suffixes, la formation des noms, adjectifs, verbes, etc., — les familles de mots, etc. Pour le COURS SUPÉRIEUR des écoles à plusieurs classes, on pourra d'ailleurs adopter une répartition spéciale de grammaire où une plus large place sera réservée à ces notions (radicaux, préfixes, suffixes, principales racines grecques et latines, sens propre et sens figuré des mots, grammaire historique, etc.).
NOVEMBRE	Continuer les exercices d'énumération, et en tirer l'idée du **nom.**	**GRAMMAIRE.** — Le **nom** : définition, espèces de noms, genre et nombre, principales exceptions à la formation du pluriel. **ANALYSE.** -- Comme en octobre.	**GRAMMAIRE.** — Le **nom** : revision de la lexicologie, et syntaxe. **ANALYSE.** — Faire **attribuer** à une personne, un animal, une chose les qualités qui leur conviennent : **jugement** et proposition. Eléments essentiels de la proposition.	

Grammaire — Analyses — Conjugaisons (*Suite*)

MOIS	COURS PRÉPARATOIRE	COURS ÉLÉMENTAIRE	COURS MOYEN & SUPÉRIEUR (ÉCOLES A UNE CLASSE)	*OBSERVATIONS*
NOVEMBRE		**CONJUGAISON**. — Temps simples des verbes **avoir** et **être** (mode indicatif), employés quelquefois avec un complément convenable.	**CONJUGAISON**. — (Voir programme de décembre.)	
DÉCEMBRE	Faire reconnaître et citer par les enfants les qualités sensibles d'objets désignés; faire joindre ces qualités au nom. Idée de l'adjectif qualificatif.	**GRAMMAIRE**. — L'article simple. L'élision. **L'adjectif qualificatif** : accord avec le nom, formation du pluriel et principales exceptions. **ANALYSE**. — Noms et adjectifs pris dans un texte. (Rapports et accord.) **CONJUGAISON**. — Verbes **avoir** et **être** (suite). Épellation de mémoire.	**GRAMMAIRE**. — **L'article** : élision, contraction, emploi, article indéfini. **L'Adjectif qualificatif** : lexicologie et syntaxe. Degrés de comparaison; compléments des adjectifs. Place des adjectifs. Formation, etc. **ANALYSE**. — Continuer l'étude de la proposition. **CONJUGAISON**. — (1er trimestre). Verbes auxiliaires et verbes modèles. Conjugaison par analogie; conjugaisons comparées : épellation des terminaisons.	
JANVIER	Revision des notions sur le nom et l'adjectif.	**GRAMMAIRE**. — Revision des règles d'accord de l'adjectif et du nom. Notions élémentaires sur	**GRAMMAIRE**. — Les adjectifs **déterminatifs** Revision générale de l'adjectif.	

Grammaire — Analyses

— Conjugaisons (*Suite*)

MOIS	COURS PRÉPARATOIRE	COURS ÉLÉMENTAIRE	COURS MOYEN & SUPÉRIEUR (ÉCOLES A UNE CLASSE)	OBSERVATIONS
JANVIER		les adjectifs **déterminatifs**. **ANALYSE.** — Comme en décembre. Préparez les enfants à l'étude du verbe, en leur faisant exprimer l'action que peut accomplir telle personne, tel objet, ou, inversement, qui fait une action déterminée. **CONJUGAISON.** — Verbes **avoir** et **être**. (Fin et revision.)	**ANALYSE.** — Faire construire et compléter des propositions. Recherche méthodique des compléments. Analyse de propositions données. **CONJUGAISON.** — (Voir programme de mars.)	
FÉVRIER	Faire exprimer des actions qui soient familières aux enfants. Idée du **verbe**. Premiers exercices méthodiques de conjugaison orale.	**GRAMMAIRE.** — Le **verbe** (définition) et son **sujet**. Notions sur les **pronoms**. **ANALYSE.** — Comme le mois précédent. Suivre le développement des programmes de grammaire. **CONJUGAISON** — Étude du verbe modèle de la première conjugaison.	**GRAMMAIRE.** — Les **Pronoms**. Remarques syntaxiques et orthographiques. **ANALYSE.** — Comme ci-dessus. Diverses sortes de propositions. **CONJUGAISON.** — (Voir programme de mars.)	

Grammaire — Analyses

MOIS	COURS PRÉPARATOIRE	COURS ÉLÉMENTAIRE
MARS	Continuer l'étude du verbe et les exercices oraux de conjugaison. Revenir quotidiennement sur le nom et l'adjectif.	**GRAMMAIRE.**—Le **verbe**: accord avec son sujet (nombre et personne), compléments direct et indirect, radical et terminaison, quatre conjugaisons. **ANALYSE.** — Des verbes étant indiqués dans un texte, trouver leurs sujets, leurs compléments. Trouver les verbes d'un texte, et en justifier l'orthographe. **CONJUGAISON.** — Étude des verbes modèles de la deuxième et de la troisième conjugaison.
AVRIL	Comme le mois précédent.	**GRAMMAIRE.** — **Le verbe** (suite) : temps principaux, modes, remarques orthographiques les plus importantes.

— Conjugaisons (*Suite*)

COURS MOYEN & SUPÉRIEUR (ÉCOLES A UNE CLASSE)	*OBSERVATIONS*
GRAMMAIRE. — Le **Verbe** : sujet, compléments; nombre et personne; temps et modes; leur signification. Les quatre conjugaisons. Diverses espèces de verbe (actif, passif, etc.). **ANALYSE.** — Continuer l'étude et l'analyse des diverses propositions ; examiner leur enchaînement ; la phrase. **CONJUGAISON.**—(2e trimestre). Conjugaisons passive, pronominale, interrogative, etc. Conjugaisons comparées. Exercices variés (recherche de compléments, de sujets simples ou composés, etc.).	
GRAMMAIRE. — Le **Verbe** (suite). Syntaxe. Remarques orthographiques. Les verbes irréguliers et défectifs. Les **Participes** : règles générales.	

Grammaire — Analyses

MOIS	COURS PRÉPARATOIRE	COURS ÉLÉMENTAIRE
AVRIL		**ANALYSE.** — Comme ci-dessus. Éléments essentiels de la proposition. **CONJUGAISON.** — Verbe modèle de la quatrième conjugaison. Revision.
MAI	Distinction mécanique du **genre**. Continuer les exercices de conjugaison orale.	**GRAMMAIRE.**—Le **verbe**: *Revision générale.* Notions très générales sur les **participes passés**. **ANALYSE.** — Nom, verbe, adjectif. Construction et analyse de propositions simples. **CONJUGAISON.** — Conjugaisons par analogie et conjugaisons comparées. Verbes passifs. Verbes pronominaux.
JUIN	Distinction des noms, adjectifs et verbes. Le genre et le nombre des noms. Exercices de	**GRAMMAIRE.** — Notions très sommaires sur le participe passé et les **mots invariables**. Revision.

Conjugaisons (*Suite*)

COURS MOYEN & SUPÉRIEUR (ÉCOLES A UNE CLASSE)	*OBSERVATIONS*
ANALYSE. — Analyse logique de textes faciles. Ordre logique, inversions, etc. **CONJUGAISON.** — Verbes irréguliers les plus usités. Verbes dont l'orthographe présente des particularités, etc.	
GRAMMAIRE. — Les **Participes** (fin). Les **mots invariables** : leur importance dans la construction des phrases. **ANALYSE.** — Comme le mois précédent. **CONJUGAISON.** — d°	
Révision générale.	

Grammaire — Analyses — Conjugaisons (*Suite*)

MOIS	COURS PRÉPARATOIRE	COURS ÉLÉMENTAIRE	COURS MOYEN & SUPÉRIEUR (ÉCOLES A UNE CLASSE)	*OBSERVATIONS*
JUIN	conjugaison aux temps principaux.	**ANALYSE.** — Comme le mois précédent. **CONJUGAISON.** — Verbes irréguliers usités.		
JUILLET	*Révision générale.*	*Révision générale.*	*Révision générale.*	

REDACTION

MOIS	COURS ÉLÉMENTAIRE	COURS MOYEN
OCTOBRE	**EXERCICES D'INTELLIGENCE**, portant sur des sujets très simples, et développés à l'aide d'un questionnaire (les fruits, les animaux domestiques, le mouton, etc., les diverses parties de la maison, les meubles, ce qu'on voit dans l'école, etc., etc.). Faire compléter des propositions : recherche de compléments.	**EXERCICES D'ANALYSE.** — Résumés de lecture. Devoirs tirés d'une dictée, d'une récitation, etc. (Le travail écrit sera précédé d'un travail oral tendant à la recherche du plan.)
NOVEMBRE	Comme en octobre. Le chauffage, l'éclairage, les aliments, les occupations de l'écolier, le pain, etc. Faire compléter des propositions : recherche du sujet.	**EXERCICES D'ANALYSE et D'OBSERVATION.** — Continuer les exercices du mois précédent. Étude et description de gravures. Description d'objets usuels. (Habituer les élèves à l'observation méthodique.)

REDACTION

COURS SUPÉRIEUR (ÉCOLES A PLUSIEURS CLASSES)	*OBSERVATIONS*
THÉORIE. — Étude d'un sujet. Recherche des idées et établissement du plan. **EXERCICES.** — Résumés de lecture, de leçons, etc. Développement de sujets faciles.	Dans le COURS PRÉPARATOIRE, on se bornera à des exercices de langage et de vocabulaire. (Voir aux directions.) Ces exercices continueront, sous une forme appropriée, dans les autres cours. Avec le COURS SUPÉRIEUR, on pourra en profiter pour étudier la dérivation et la composition des mots, l'étymologie usuelle, le sens propre et le sens figuré, les synonymes et les contraires, etc., etc.
THÉORIE. — Préceptes pratiques pour l'établissement du plan. Les principaux défauts du style. **EXERCICES.** — Narrations et récits.	

Rédaction (Suite)

MOIS	COURS ÉLEMENTAIRE	COURS MOYEN	COURS SUPÉRIEUR (ÉCOLES A PLUSIEURS CLASSES)	OBSERVATIONS
DÉCEMBRE	Continuer les exercices du mois précédent. **DESCRIPTIONS** faciles d'objets connus, fournies d'après un questionnaire (mon couteau, mon porte-plume, la boutique de l'épicier, du maréchal, etc.) Exercices de vocabulaire.	**RÉDACTIONS FACILES** sur des sujets choisis comme il est dit aux directions ci-dessus. Le **plan** détaillé du développement sera établi avec la collaboration effective des élèves.	**THÉORIE.** — Défauts du style. Qualités à acquérir. L'analyse logique et la **correction** du style. **EXERCICES.** — Narrations. Récits. Devoirs tirés des leçons de l'école.	
JANVIER	**RÉSUMÉS DE LECTURE** oraux, puis écrits. Exercices d'intelligence comme ci-dessus (les étrennes, les jouets, un enfant frileux, les vêtements, les outils d'un ouvrier désigné, etc.)	Comme en décembre. La **lettre**. — Lettres d'affaires et de famille.	**THÉORIE.** — La clarté et la simplicité. Revision de ce qui précède. **EXERCICES.** — Révision. Devoirs très variés.	

Rédaction (*Suite*)

MOIS	COURS ÉLÉMENTAIRE	COURS MOYEN	COURS SUPÉRIEUR (ÉCOLES A PLUSIEURS CLASSES)	*OBSERVATIONS*
FÉVRIER	Petits devoirs tirés des leçons de lecture ou des leçons de choses. Description orale, puis écrite de **gravures simples.** Exercices de vocabulaire.	Exercices préparatoires au certificat d'études. Traduction en prose de poésies étudiées.	**THÉORIE.** — La propriété des termes, la précision, les synonymes. La **lettre.** **EXERCICES.** — Rédactions scientifiques. Lettres variées.	
MARS	Comme en février. (Les premières feuilles, les violettes, les oiseaux de notre pays, etc.) Exercices de vocabulaire. Construction de phrases.	Comme ci-dessus. Un sujet ayant été préparé en commun et traité, en proposer ensuite d'autres analogues, et laisser les élèves livrés à eux-mêmes.	**THÉORIE.** — La description. Sens propre et sens figuré. **EXERCICES.** — Descriptions faciles, d'après nature, d'après l'image. Rédactions géographiques. Explication de proverbes, de préceptes de morale.	
AVRIL	**NARRATIONS** simples, développés oralement d'abord, puis par écrit (questionnaire ou canevas très détaillé). Exercices d'intelligence : les fleurs de nos pays ; un arbre ; la poule et les œufs, etc.	Devoirs donnés en vue du certificat d'études. — Lettres à des amis, à des parents, à des fournisseurs ; comptes rendus de promenades, d'expériences, etc.	**THÉORIE.** — Révision. **EXERCICES.** — Lettres, narrations, rédactions variées. Explication de périphrases.	

Rédaction (Suite)

MOIS	COURS ÉLÉMENTAIRE	COURS MOYEN	COURS SUPÉRIEUR (ECOLES A PLUSIEURS CLASSES)	*OBSERVATIONS*
MAI	Comme en avril. (Les nids des oiseaux; notre jardin; un enfant désobéissant; gourmand, etc.) NOTA. — Si on le juge possible, le questionnaire sera remplacé par un canevas établi avec la collaboration des élèves.	Devoirs variés. Les élèves travaillent seuls, autant que possible.	**THÉORIE.** — Analyse littéraire d'un morceau. **Le plan, le genre, qualités dominantes.** **EXERCICES.** — Rédactions variées.	
JUIN	Traduire en prose de petites poésies. Narrations et devoirs variés : (une récréation; les jeux de l'écolier; le facteur; la fête du village; un jour de congé, etc.)	*Révision.*	*Révision.*	
JUILLET	*Révision.*	d°	d°	

HISTOIRE

I. — But de cet enseignement

A l'école primaire, l'enseignement de l'histoire a pour objet : de faire connaître aux enfants les gloires et les revers de la patrie, — de placer sous leurs yeux et d'exalter les principaux actes de vertu, d'héroïsme, de dévouement, dont s'honore notre pays, de manière à leur inspirer, avec un sentiment de fierté nationale et l'admiration des actions nobles et désintéressées, un profond amour pour la France.

Il se propose en outre de leur montrer comment la société a été organisée, et s'est progressivement élevée au degré de civilisation dont nous bénéficions aujourd'hui; de leur donner des notions exactes sur la marche des évènements, — et par là de les préparer à leur rôle de citoyens d'un pays libre, capables de profiter de l'expérience du passé pour la préparation de l'avenir.

II. — Programme

D'après l'arrêté du 4 janvier 1894, le programme d'histoire s'étend, *pour le cours élémentaire* : des origines à la Guerre de cent ans inclusivement; *pour le cours moyen* : De la fin du XVe siècle à nos jours. — Le législateur a donc voulu que, sans rien laisser ignorer du passé aux enfants des écoles primaires, on réservât une très large place à la période contemporaine (1789 à nos jours). Toutefois, étant donné qu'un assez grand nombre d'élèves, par défaut de fréquentation régulière, n'arrivent pas au cours moyen ou n'y séjournent que peu de temps, et, pour répondre au vœu de beaucoup de maîtres, il est décidé que les deux ou trois derniers mois de l'année scolaire seront consacrés, dans le cours élémentaire, à l'étude sommaire des principaux faits de l'histoire moderne et de l'histoire contemporaine.

III. — Méthode

I. — Dans les cours préparatoire et élémentaire, au cours des leçons données sous forme de causeries familières, on s'efforcera surtout de frapper les *sens* de l'enfant, son *imagination*, sa *sensibilité* (enseignement par l'aspect, étude et description de gravures, récits, biographie, etc.).

II. — Dans les cours moyen et supérieur, l'enseignement devra s'adresser à la fois : à la *mémoire* (suite des faits, souvenir des exemples de vertu et de dévouement, etc.), au *raisonnemant* et au *jugement* (origine et portée des événements, appréciation sur les hommes, les mœurs, les institutions d'une époque), aux *facultés morales* (éveil du patriotisme, culte des grands hommes et des belles actions).

III. — On laissera résolument de côté tous les détails de pure érudition ; on se préoccupera moins de faire retenir la chronologie et la nomenclature que de faire saisir l'enchaînement des faits, leurs conséquences, la marche de la civilisation. Les deux choses d'ailleurs peuvent et doivent se mener de front.

IV. — On profitera des souvenirs historiques, locaux ou régionaux, pour éveiller la curiosité d'esprit et stimuler l'attention de l'auditoire.

V. — Des lectures historiques, des dictées appropriées, complèteront heureusement les leçons du maître, et contribueront à les fixer.

IV. — Forme de la leçon

I. — Dans les écoles à une seule classe, deux leçons suffisent, l'une commune aux cours préparatoire et élémentaire, l'autre commune aux cours moyen et supérieur.

II. — La leçon aux cours préparatoire et élémentaire réunis comprendra un récit fait par le maître, et sera rendue plus frappante et plus profitable à l'aide d'images, dessins, croquis, etc. Le récit sera ensuite reproduit de vive voix par les élèves, au moyen de questions bien choisies.

III. — La leçon commune aux cours moyen et supérieur sera exposée avec la carte sous les yeux, toutes les fois que le sujet le comportera. — Elle suivra d'ailleurs la même marche que toute leçon orale.

V. — Rôle du livre

Il est indispensable de placer un livre d'histoire entre les mains des élèves, au moins à partir du cours élémentaire. — Assez souvent, l'exposé proprement dit de la leçon sera avantageusement remplacé par la lecture commentée et expliquée du texte même que l'enfant aura à étudier. Il est clair, du reste, que les traces laissées par une leçon orale, même excellente, seraient trop fugitives, et qu'elles ont besoin d'être fixées par un travail personnel de l'enfant, et un effort de mémoire que le livre seul lui permet de fournir.

VI. — Durée et nombre des leçons

Trois leçons d'histoire, de trois quarts d'heure chacune, seront données chaque semaine. — Dans les écoles à un seul maître, ce temps sera réparti entre les différents cours (30 minutes aux cours moyen et supérieur, 15 minutes aux cours élémentaire et préparatoire).

HISTOIRE

MOIS	COURS PRÉPARATOIRE ET ÉLÉMENTAIRE
OCTOBRE	**Formation du royaume de France.** — La Gaule et les Gaulois. Les Francs. Clovis et ses successeurs Les maires du palais.
NOVEMBRE	Charlemage et son œuvre. Le traité de Verdun. Les Normands. Les premiers Capétiens.
DÉCEMBRE	La Féodalité et les Croisades. Revision de l'an 50 avant J.-C. à 'an 1100.
JANVIER	Louis VI et Louis VII. Philippe-Auguste. Louis IX et Blanche de Castille.
FÉVRIER	*Revision* Philippe le Bel et les États-généraux. Les derniers Capétiens et Revision.
MARS	La guerre de Cent ans (grands faits et grands noms). Le patriotisme (Jeanne d'Arc).

HISTOIRE

COURS MOYEN & SUPÉRIEUR

Revision de l'histoire du moyen âge. Situation de la France à la fin du XVe siècle. Les guerres d'Italie. La France et la Maison d'Autriche. La Renaissance.

La réforme religieuse et les guerres de religion. Henri IV. Revision de cette période.

La monarchie absolue. Louis XIII et Louis XIV. Récapitulation des principaux faits de 1500 à 1715.

Déclin de la Monarchie. Louis XV et Louis XVI. La Révolution. Les causes. La Constituante et son œuvre.

La Révolution

Assemblée législative. Convention nationale. Revision de la Révolution.

Le Directoire et le Consulat. Le premier Empire. La première Restauration. Les Cent Jours. Traités de 1815.

HISTOIRE (Suite)

MOIS	COURS PRÉPARATOIRE ET ÉLÉMENTAIRE	COURS MOYEN ET SUPÉRIEUR
AVRIL	Fin et revision de la guerre de Cent ans. Le pouvoir royal se fortifie. Louis XI et le Téméraire. Le traité d'Arras.	La Restauration (1815-1830). Révolution de 1830. Louis-Philippe. Conquête de l'Algérie. Révolution de 1848. La deuxième République. Coup d'État du 2 décembre.
MAI	Étude des notions générales de l'histoire moderne et de l'histoire contemporaine.	Le second Empire. Gouvernement despotique. Situation matérielle. Politique extérieure. La guerre franco-allemande. La troisième République. Politique coloniale. Réformes intérieures. Principaux événements jusqu'à nos jours.
JUIN	d°	*Revision générale*
JUILLET	*Revision générale*	*Revision générale*

GÉOGRAPHIE

I. — *But de cet enseignement*

La géographie a pour but d'étudier le théâtre où s'exerce l'activité humaine. — Elle fait connaître les relations étroites qui existent entre la vie d'un pays et sa constitution physique, sa situation, son climat. — En jetant une vive lumière sur les richesses naturelles et industrielles de la France et du monde entier, elle donne une base solide aux constatations et aux comparaisons, qui éclairent et fortifient le patriotisme, excitent l'émulation nationale et préparent les progrès économiques à réaliser dans l'avenir.

La géographie est aussi l'auxiliaire, sinon le complément indispensable de l'histoire.

II. — *Méthode*

I. — La géographie est une science d'*observation*. — Toutefois, pour nos élèves, l'examen direct n'étant possible qu'en ce qui concerne les lois naturelles, les phénomènes généraux, les détails physiques régionaux, le maître est obligé de faire appel à l'*imagination* par l'emploi et l'interprétation de globes, reliefs, cartes, images, photographies, etc., — ou par des descriptions colorées, des lectures, etc.

II. — Les éléments fournis par ce premier travail permettront d'amener l'enfant, par le *raisonnement*, à découvrir le lien qui unit un ensemble de faits, ou leur dépendance réciproque ; à remonter des conséquences politiques, historiques, économiques, aux principes mêmes, qui sont les faits physiques.

III. — Il ne restera plus alors qu'à exiger de l'élève un travail exclusivement personnel de *mémoire*, grâce auquel les notions expliquées et comprises se transformeront pour lui en connaissances acquises.

III. — Forme de la leçon

I. — Dans les écoles à une seule classe, les leçons seront communes, d'une part au cours préparatoire et au cours élémentaire, — d'autre part au cours moyen et au cours supérieur.

II. — Pour les cours préparatoire et élémentaire, toute explication, tout exercice de géographie est basé sur l'examen des phénomènes mêmes ou de leur représentation, si cela est possible.

III. — Pour les cours moyen et supérieur, les leçons se préparent et se donnent conformément à la méthode indiquée plus haut. — Pendant l'exposé de la leçon, la carte murale est placée sous les yeux des élèves ; mais il importe que le maître, au moyen d'un croquis dessiné au tableau noir (craies de couleur) mette en lumière le cadre analytique de la leçon et ses points essentiels.

IV. — Autant que possible, le maître suggérera aux élèves et leur fera trouver les conclusions qu'appellent les développements explicatifs.

V. — La récitation des leçons étudiées est successivement faite : 1° à la carte murale écrite, 2° à la carte muette,

3° par des croquis simultanés, sur l'ardoise, ou par un tracé individuel, au tableau noir. — Le maître pourra aussi faire achever ou compléter par les élèves un croquis préparé. Les réponses des élèves devront tendre à prouver que ceux-ci, derrière la *carte* qu'ils dessinent ou analysent, entrevoient le *pays* qu'elle représente.

VI. — Les exercices de cartographie se rapportent toujours à une leçon précédente ; ils ne seront jamais calqués : les enfants dessineront d'abord d'après une carte modèle pour arriver graduellement à reproduire cette carte exclusivement de mémoire. — Les croquis réclamés seront toujours simples, sans détails inutiles, à l'exclusion des cartes compliquées et surchargées, dont la confection exige beaucoup de temps et laisse peu de profit. — Les élèves des cours moyen et supérieur seront habitués à se servir, comme points de repère, des méridiens et parallèles.

VII. — Ces mêmes élèves seront exercés à la lecture et à l'usage des cartes du service vicinal, de l'État-Major, et des cartes marines (Manche). Ils apprendront également à consulter les « Indicateurs des chemins de fer » et « des services maritimes ».

VIII. — Les lectures géographiques faites par le maître, les descriptions, les gravures du livre manuel, ou autres, fourniront d'excellents sujets de rédaction.

IV. — Rôle du livre

Il est évident que tous les enfants, au moins à partir du cours élémentaire, doivent avoir entre les mains un livre-atlas de géographie.

V. — Durée et nombre des leçons

Dans les écoles à classe unique, on attribuera chaque semaine à la géographie deux leçons de 45 minutes environ, dont 30 minutes pour les deux cours supérieurs réunis, et 15 minutes pour les deux cours inférieurs réunis.

Dans les écoles à plusieurs classes, le cours moyen et le cours supérieur recevront séparément leurs leçons, qui auront alors la même durée de part et d'autre.

PROGRAMME DE GÉOGRAPHIE

Nos D'ORDRE DES LEÇONS	COURS PRÉPARATOIRE ET ELEMENTAIRE	Nos D'ORDRE DES LEÇONS	COURS MOYEN	Nos D'ORDRE DES LEÇONS	COURS SUPÉRIEUR
	1er TRIMESTRE (Septembre, octobre, novembre, décembre) — (26 leçons)				
	CAUSERIES FAMILIÈRES sur :	1	L'**Univers** : ciel étoiles, soleil. .	1	L'**Univers** : Idée générale : ciel, étoiles, soleil...
1	le **soleil**, les **étoiles**, etc.	2	planètes, terre, lune...	2	Le système planétaire : terre, lune, comète...
2	la **terre** (forme, mouvements).	3	Les **points cardinaux** ;	3	Les **cartes** : figuration des termes géographiques.
3	les **points cardinaux**.	4	La **boussole**.		
	ENTRETIENS FAMILIERS (*Vue des choses ou de leur représentation concrète*)		*Exercices pratiques d'orientation*	4-5	Notions sur : **équateur, tropiques, cercles polaires, méridiens, parallèles, latitude et longitude.**
4	Idée des **terres** et des **eaux** ;	5-6	Les **cartes** : plan de l'école, de la rue, du quartier ;		
5	**montagne, colline** ;				
6	**fleuve, rivière, mer, île** ;	7-8	Les **cartes** : canton, arrondissement, département, France.	6-7	**Lecture des cartes murales** ; évaluation de distances géographiques.
7	**ville, village.**				
8	Idée d'un **plan** : la classe. Idée d'une **carte**.		*Reproduction sommaire des cartes étudiées*		*Conseils généraux sur le tracé des cartes*
	Apprendre à distinguer les divers accidents géographiques sur des cartes très simples.				

Programmes de Géographie (*Suite*)

LEÇONS	COURS PRÉPARATOIRE ET ÉLÉMENTAIRE	N°ˢ D'ORDRE DES LEÇONS	COURS MOYEN	N°ˢ D'ORDRE DES LEÇONS	COURS SUPÉRIEUR
	CAUSERIES d'après la vue des choses ou leur représentation sur :		**LES TERRES & LES EAUX**		
9	les **montagnes**, les **volcans**;	9	Plaines, déserts, montagnes, plateaux, vallées, glaciers, volcans, etc...		Même programme que pour le
	les **mers**;	10	**Continents** : parties du monde, contrées.		**COURS MOYEN**
1	les **îles**;	11-12	**Mers** : marées, côtes, îles, archipels, caps, golfes, etc.		avec quelques détails complémentaires.
2	les **fleuves**, les **rivières**;	13	Les **océans** : généralités sur chacun d'eux.		
3	Idée de la répartition des **terres** et des **eaux**;	14-15	Les **5 parties du monde** : indications générales.		
4	les **cinq parties du monde**;	16	Les **races humaines** : caractères, répartition.		
5	**les races d'hommes**;		*Devoirs écrits relatifs à quelques-unes de ces leçons.*		
6	**Océans et mers.**				
	CAUSERIE sur :		**Géographie locale**		**Géographie locale**
17	la ville ou le village ;	17-18	La ville ou le village et le canton : accidents géographiques ;	17-18	Étude de la ville ou du village et du canton.
18	l'aspect des territoires environnants ;		voies de communication ;	19-20	du département : Géographie physique ; Géographie économique.
19	les productions locales ;	19	productions (agricultʳᵉ, commerce, industrie).		
20	les communes du canton ;				
21	l'arrondissement et son chef-lieu ;	20-21	Le département : Grands traits de la géographie physique et politique ;	21-22	Géographie politique. (Quelques détails sur curiosités naturelles, souvenirs historiques, etc.)
22	Le département et son chef-lieu.	22	Souvenirs historiques ; Grands hommes.		
			Nombreux exercices cartographiques		
3-24-25-26	**Revision trimestrielle**				

Programmes de Géographie (*Suite*)

N^os D'ORDRE DES LEÇONS	COURS PRÉPARATOIRE ET ÉLÉMENTAIRE	N^os D'ORDRE DES LEÇONS	COURS MOYEN	COURS SUPÉRIEUR
	2e TRIMESTRE (Janvier, février, mars, avril) — (28 leçons)			
	LA FRANCE		*N. B. Dans les Cours moyen et supérieur, l'exposition, l'étude et la récitation de chaque leçon sera accompagnée ou suivie d'exercices cartographiques appropriés.*	
1-2-3	Le **littoral** : **ENTRETIENS FAMILIERS** sur : côtes, ports, navires, phares, etc...		**LA FRANCE PHYSIQUE**	**LA FRANCE PHYSIQUE**
		1-2-3	La **France** : sa situation en Europe et dans le monde ; ses **bornes** ; ses **côtes** : principaux ports.	Même programme que pour le COURS MOYEN avec détails complémentaires.
4-5-6	Les **montagnes** . . } **ENTRETIENS** analogues	4-5	ses **montagnes** : principales chaînes et sommets principaux.	
7-8	Les **grands fleuves** . } **ENTRETIENS** analogues	6-7-8	ses **fleuves** : affluents, villes arrosées ; idée d'un bassin fluvial.	
			LA FRANCE POLITIQUE	**LA FRANCE POLITIQUE**
9-10-11	Montrer sur la carte les **principales régions** de la France.	9	Les **cinq grandes régions** : aspect, climat, etc.	Programme du COURS MOYEN avec quelques développements
12	En indiquer les **principales villes**.	10-11-12-13	Les **anciennes provinces** : capitales, villes historiques.	
13-14	Montrer sur la carte les **départements** formés par la **province** que l'on habite.			
15-16	En indiquer les **chefs-lieux** et quelques villes principales.	14-15-16	**Départements** des régions du **nord** et du **nord-est**.	

DES LEÇONS	COURS PRÉPARATOIRE ET ÉLÉMENTAIRE	Nos D'ORDRE DES LEÇONS	COURS MOYEN		COURS SUPÉRIEUR
17	**ENTRETIENS** sur :	17-18 19-20 21-22 23-24	Continuation de l'**Étude des Départements**.		d°
-19	les **principales villes** de France ;				
-21	les désigner sur la carte ;				
-23 -25	détails sur ce que chacune d'elles peut présenter d'intéressant.	25-26 27-28	Notions sommaires sur la **défense militaire** et l'**organisation administrative** de la France.	N. B. —	**Les quatre dernières leçons précèdent ou suivent les vacances de Pâques, selon que ces vacances ont lieu au commencement ou à la fin d'avril.**
-27 8	*Revision trimestrielle.*				

3e TRIMESTRE (Mai, juin, juillet) — (26 leçons)

	COURS PRÉPARATOIRE ET ÉLÉMENTAIRE		COURS MOYEN	COURS SUPÉRIEUR
			LA FRANCE ÉCONOMIQUE	Même programme que pour le COURS MOYEN en insistant davantage sur les points suivants :
2	**Productions** agricoles, commerciales et industrielles de la France.	1-2-3	**Productions** minérales, végétales, animales et industrielles.	— Importation et exportation ;
	ENTRETIEN sur les **canaux** et les **chemins de fer**.	4	Aperçu sur le **commerce** de la France.	— Voies de communications maritimes entre la France et les autres contrées de l'univers.
		5-6-7	**Chemins de fer** et **canaux**.	
			LES COLONIES FRANÇAISES	
6	sur les **principaux peuples de l'Europe** (quelques détails sur leurs pays, en les montrant sur la carte).	8-9-10	L'**Algérie** : géographique, physique, politique et économique.	
8	sur les principales **mers, îles** ; sur quelques **montagnes** et **volcans** de l'**Europe**.	11	Les **autres colonies** [1].	

[1] L'étude de la France et de ses colonies pourra être suivie d'une Revision générale dans la première quinzaine de juin.

Programmes de Géographie (*Suite*)

Nos D'ORDRE DES LEÇONS	COURS PRÉPARATOIRE ET ÉLÉMENTAIRE	Nos D'ORDRE DES LEÇONS	COURS MOYEN		COURS SUPÉRIEUR
9-10	sur les **peuples des autres parties du monde**.	12-13 14-15	L'**Europe** : principales contrées; grands traits de leur géographie physique et politique.		— Comparaisons fréquentes entre notre pays et les pays étrangers, sous le rapport du commerce, de l'agriculture et de l'industrie.
11-12	sur les **productions** spéciales à ces contrées.	16-17 18	**Asie, Afrique, Amérique, Océanie** : comme pour l'Europe, mais avec une très grande sobriété de détails.		
13-14 15-16	sur les **colonies** : climat, habitants, végétaux, etc...	19 à 26 inclus	Revision rapide des notions de Géographie générale. *Lecture et usage des Cartes de l'État-major et de la Marine.*		
17 à 26 inclus	Revision générale.				

CALCUL, ARITHMÉTIQUE, SYSTÈME MÉTRIQUE, GÉOMÉTRIE PRATIQUE

1° But de cet enseignement

I. — Développer les facultés de réflexion et de raisonnement.

II. — Apprendre à calculer sûrement et rapidement.

III. — Mettre l'élève à même de résoudre les problèmes usuels.

IV. — Il y a lieu de se borner à la pratique. Pas de théorie, sauf quelques notions indispensables dans le cours moyen et le cours supérieur.

2° Méthode et procédés

Cours préparatoire. I. — Avec les élèves des cours inférieurs, cet enseignement doit être exclusivement concret. Se servir d'objets : bâtonnets, billes, boulier-compteur, mesures effectives, etc.

II. — Mener de front les deux numérations. Au début, en faisant écrire les chiffres, accompagner chacun d'eux d'un nombre de traits ou d'objets qui en représentent la valeur. Montrer la formation des nombres à l'aide de paquets de dizaines et d'unités.

III. — De même, avec des objets, faire comprendre l'addition. Ensuite, faire apprendre par cœur la *table d'addition* par la récitation collective, puis individuelle. L'appliquer aussitôt à des exemples concrets.

Calcul mental. — A l'aide d'objets, faire d'abord comprendre comment on augmente, diminue, multiplie, et comment on partage un nombre en parties égales. Arriver peu à peu à procéder de mémoire.

Calcul écrit. — N'opérer jamais que sur de petits nombres concrets que les élèves savent lire et dont ils se font une idée exacte.

Cours élémentaire. I. — Au début, employer les procédés concrets usités dans le cours préparatoire.

II. —L'étude de la table de multiplication sera précédée de petits exercices concrets qui la feront comprendre.

III. — Ne pas commencer la division avant que la table de multiplication soit parfaitement sue.

Cours moyen et supérieur. I. — Les leçons resteront concrètes le plus souvent.

II. — Cependant, par degré, on amènera les élèves à la conception abstraite des nombres.

III. — Dans tous les cas, on veillera à la précision du langage mathématique.

Pour les 4 cours. — Problèmes. — I. — Les problèmes oraux développent mieux l'intelligence que les problèmes écrits.

II. — Les problèmes oraux ou écrits se divisent en un certain nombre de types gradués.

III. — Au commencement de l'étude de chaque type, donner les explications nécessaires ; puis laisser résoudre les autres problèmes du même type sans les expliquer à 'avance, car il importe que les élèves fassent des efforts de réflexion et de raisonnement.

IV. — Parfois, faire résoudre plusieurs problèmes avec le même énoncé dont on change simplement les nombres.

V. — Jusqu'au cours supérieur, le raisonnement des problèmes doit être écrit en entier ; ne pas se borner à une sèche indication des opérations et de leurs résultats. De petits dessins explicatifs accompagnent parfois les solutions.

VI. — La correction des problèmes se fait toujours au tableau. Tous les élèves opèrent en même temps, un seul à haute voix.

VII — Les problèmes ont un caractère pratique, le données sont vraisemblables.

VIII. — Pour éviter les résultats absurdes, exercer les élèves à trouver mentalement les résultats approximatifs.

IX. — Outre les problèmes, faire souvent résoudre des opérations indépendantes, multiplications, divisions de nombres concrets.

Calcul mental. I. — Le calcul mental constitue une puissante gymnastique de l'esprit. Ne pas le confondre avec le calcul oral. Tous deux sont nécessaires. Comparer souvent leurs procédés sur les mêmes données.

II. — Tandis que le calcul oral procède comme le calcul écrit, le calcul mental se fait sans le secours d'aucun objet (ni plume, ni crayon, ni craie) sauf pour écrire la réponse, et par des procédés rapides.

III. — Dans les opérations mentales, on procède souvent en décomposant au moins l'un des nombres en ses centaines, dizaines, unités et l'on commence l'opération par sa gauche.

Ex. : 247 + 452 = (247 + 400) + 50 + 2 = 699

Ou bien on ramène les nombres à la dizaine en ajoutant ou en retranchant ensuite les unités nécessaires ;

Exemple : 247 + 452 = (250 + 450) — (3 — 2 = 1) = 699

Autre exemple : 29 × 12 = (29 × 10) + (29 + 2)

ou encore : 29 × 12 = (30 × 12) — 12

35 × 18 = 70 × 9

On ramène aussi l'un des deux nombres à un chiffre quand c'est possible : 36 × 14 = 72 × 7.

425 : 15 = 950 : 30 = 95 : 3 = 31,666

428 : 16 = 214 : 8 = 26,75

457 × 25 = (457 × 100) : 4

457 × 0,25 = 457 : 4, etc , etc.

IV. — Il y a lieu de classer les interrogations de calcul mental par types de questions.

V. — Le procédé de La Martinière est recommandé.

Système métrique. I. — Le plus souvent la leçon est commune aux deux divisions inférieures; de même aux deux divisions supérieures.

II. — Un compendium métrique est de la plus grande utilité. Il est nécessaire que les élèves mesurent eux-mêmes des longueurs,des capacités, pèsent des objets,etc.

III. — Comparer les mesures entre elles : les volumes aux capacités, les mesures agraires aux mesures de superficie, etc.

Géométrie pratique. I. — Ces notions se rattachent souvent à celles du dessin et du système métrique.

II. — Au moyen de règles, de bâtonnets, de papier ou de carton, faire les figures réelles, les dessiner au tableau et les faire reproduire.

III. — Très peu de théorie, beaucoup de pratique. Faire quelques démonstrations. Se servir de collections de surfaces, de volumes. Opérer aussi sur le terrain.

3° Nombre et durée des leçons

I. — Chaque jour, dans chaque division, on consacrera une heure au calcul.

II. — Le cours préparatoire recevra quatre leçons d'un quart d'heure chacune.

Le cours élémentaire, deux leçons d'une demi-heure chacune, dont une par le maître.

Le cours moyen et le cours supérieur auront chacun une leçon d'une heure : leçon du maître, 30 minutes, dont 10 minutes de calcul mental, et 30 minutes d'exercices écrits.

4° Forme des leçons

I. — La leçon s'appuiera sur la précédente par des exercices de revision.

II. — Les interrogations de calcul oral et de calcul mental précéderont l'exposé de la leçon suivante ou la correction des exercices.

III. — Faire écrire et réciter les quelques définitions et règles à retenir.

5° Role du livre

Le livre n'est pas nécessaire. Cependant, un recueil de problèmes peut rendre service.

PROGRAMMES

COURS PRÉPARATOIRE

Octobre

Arithmétique. — Compter de 1 à 5, de 1 à 9 ; apprendre en même temps à lire et à écrire les chiffres exprimant ces nombres. Ajouter 1 à chacun des nombres étudiés.

Système métrique. — Montrer le mètre et son usage. Tracer au tableau des lignes d'un mètre. Montrer des baguettes d'un mètre, les placer bout à bout, les compter.

Géométrie pratique. — Lignes droites : verticales, horizontales, obliques.

Novembre

Arithmétique. — Compter, lire et écrire les nombres de 1 à 20. Montrer une dizaine, puis deux dizaines. Rôle du zéro. Ajouter 2 à chacun des vingt premiers nombres.

Système métrique. -- Mesurer un nombre exact de mètres de ruban, de ficelle.

Géométrie pratique. — Obliques : à droite et à gauche. Lignes brisées.

DÉCEMBRE

Arithmétique. — Compter de 1 à 50. Écrire et lire ces nombres. Montrer 5 dizaines de bûchettes. Ajouter 3 à chacun des 20 premiers nombres.

Système métrique. — Comparer de petites longueurs au mètre. Diviser des baguettes d'un mètre en demi-mètres.

Géométrie pratique. — Parallèles ; verticales, horizontales, obliques.

JANVIER

Arithmétique. — Compter de 1 à 80. Petits exercices d'addition. Ajouter 4 à chacun des 9 premiers nombres.

Système métrique. — Le litre. Montrer le litre. Mesurer de la sciure de bois, du sable.

Géométrie pratique. — Tracer des lignes courbes. Faire reconnaître les lignes enseignées dans les objets matériels qui sont sous les yeux des élèves.

FÉVRIER

Arithmétique. — Compter de 80 à 100. Montrer que 10 dizaines font une centaine. Compter par 2 ; nombres pairs. Ajouter 5 à chacun des 20 premiers nombres. Petites additions écrites avec des nombres de 2 chiffres, inférieurs à 55.

Système métrique. — Double litre. Demi-litre.

Géométrie pratique. — Les angles, en tracer, en montrer.

MARS

Arithmétique. — Compter par 2, nombres impairs. Rétrograder de 10 à 1, de 20 à 1. Table d'addition directe et inverse de 1 à 5.

Système métrique. — Mesurer du sable avec le litre, le double litre, le demi-litre.

Géométrie pratique. — Tracer un carré, le diviser.

Avril

Arithmétique. — Idée des expressions moitié, tiers, quart. Table d'addition : 6. Additions de deux chiffres inférieurs à 66 sans retenue.

Système métrique. — Le franc. 3 sortes de monnaie. Montrer des pièces d'or, d'argent, de billon.

Géométrie pratique. — Tracer un rectangle, le diviser.

Mai

Arithmétique. — Doubler de petits nombres, en prendre la moitié. Compter par 3. Rétrograder de 50 à 1. Table d'addition : 7. Additions de 2 chiffres inférieurs à 77 avec retenues.

Système métrique. — Pièces de 1, 2, 5 et 10 centimes. En montrer, les faire reconnaître.

Géométrie pratique. — Les diagonales. Triangles.

Juin

Arithmétique. — Rétrograder de 100 à 1. Table d'addition : 8 et 9. Exercices d'addition : nombres de 2 chiffres avec retenue. Diminuer de petits nombres de 1, 2, 3 unités.

Système métrique. — Pièces d'argent : 5 fr., 2 fr., 1 fr., 0 fr. 50, 0 fr. 20. En montrer, les faire reconnaître.

Géométrie pratique. — Losange. Montrer comment il diffère du carré.

Juillet

Revision générale.

COURS ÉLÉMENTAIRE

Octobre

Arithmétique. — L'unité. Idée du nombre. Principe de la numération parlée. Table d'addition 2, 3, 4, 5 avec les 20 premiers nombres. Additions, nombres de 2 chiffres. Diminuer de petits nombres de 1, 2, 3, 4 unités.

Calcul oral et mental. — Addition et soustraction de nombres inférieurs à 10. Ex. : 5 crayons + 3 crayons = ; 7 pommes — 3 pommes = ; etc.

Système métrique. — Le mètre, ses multiples et sous-multiples.

Geométrie pratique. — Différentes sortes de lignes.

Novembre

Arithmétique. — Ecrire et lire les nombres de 1 à 1.000. Principe de la numération écrite. Table d'addition : 6 et 7. Petits problèmes oraux et écrits avec les nombres étudiés. Addition de nombres de trois chiffres.

Calcul oral et mental. — Ex. : combien faut-il de mètres pour faire un décamètre, 2 décamètres, 7 décamètres, etc. ; combien de centimètres dans 1 mètre, dans 4 mètres, 9 mètres. Addition d'un nombre exact de dizaines avec un nombre inférieur à 10. Ex. : 20 poires + 6 poires = .

Système métrique.—Mesurer de petites longueurs, additionner ou augmenter les nombres obtenus.

Géométrie pratique. — Angles : droit, aigu, obtus.

Décembre

Arithmétique. — Preuve de l'addition. Table d'addition : 8 et 9. Définition de l'addition. Petits problèmes oraux et écrits.

Calcul oral et mental. — Addition de deux nombres exacts de dizaines. Ex. : 30 + 40 = 3 dizaines + 4 dizaines = 7 dizaines ou 70.

Système métrique. — Mesurer et comparer des longueurs. Idée des trois dimensions.

Géométrie pratique. — Carré, rectangle. Les diviser. Faire remarquer les angles obtenus.

Janvier

Arithmétique. — Lecture des nombres de 1,000 à 10,000. Soustraction sans retenue. Problèmes sur l'addition et la soustraction. Table de multiplication, 2 et 3.

Calcul oral et mental. — Retrancher un nombre exact de dizaines d'un nombre exact de dizaines. Ex. : 50 — 30 = . Doubler un nombre d'un seul chiffre.

Système métrique. — Le litre, ses multiples et sous-multiples ; leurs usages.

Géométrie pratique. — Triangles, différentes formes.

Février

Arithmétique. — Lecture des nombres de 10 000 à 100,000. Soustraction avec retenue. Preuve, Définition de la soustraction. Table de multiplication 4 et 5. Exercices oraux et écrits sur les trois premières opérations.

Calcul oral et mental. — Addition d'un nombre de dizaines et unités avec un nombre exact de dizaines. Ex. : 27 + 40 =. Doubler des nombres de deux chiffres.

Système métrique. — Exercices oraux et écrits sur les mesures de capacité.

Géométrie pratique. — Losange, triangles obtenus en traçant une diagonale, les deux diagonales.

Mars

Arithmétique. — Table de multiplication 2, 3, 4, 5 et 6. Multiplication de nombres de deux chiffres avec chiffres inférieurs à 6 au multiplicateur. Problèmes sur les trois opérations. Définition de la multiplication.

Calcul oral et mental — D'un nombre de dizaines et unités retrancher un nombre exact de dizaines. Ex. : 38 — 20 =. Tripler un nombre d'un seul chiffre, puis de deux chiffres.

Système métrique. — Différentes formes du litre. Montrer les mesures les plus usitées.

Géométrie pratique. — Le parallélogramme. Montrer qu'il a beaucoup de rapport avec le rectangle.

Avril

Arithmétique. — Table de multiplication, 7. Multiplication de nombres de 3 chiffres par des nombres inférieurs à 7. Problèmes d'application.

Calcul oral et mental. — Ajouter deux nombres exacts de centaines. Ex. : 400 + 300 =. Retrancher un nombre exact de centaines d'un nombre exact de centaines. Ex. : 600 — 200, puis 547 + 400; 861 — 500, etc.

Système métrique. — Le franc, ses sous-multiples, Poids des pièces d'argent et de billon.

Géométrie pratique. — Le trapèze. Tracer différents trapèzes.

Mai

Arithmétique. — Table de multiplication 8 et 9. Multiplication, le multiplicateur ayant deux chiffres. Multiplication par 10, 100, 1,000. Problèmes sur les 3 opérations.

Calcul oral et mental. — Multiplier un nombre exact de dizaines ou de centaines par un nombre d'un seul chiffre. Ex. : 40 × 6 =, 500 × 7 . Opérations inverses de la table de multiplication. Ex. : En 15, combien de fois 3? Pourquoi ?

Système métrique. — Convertir la monnaie de billon en francs et en centimes.

Géométrie pratique. — Notions sur les solides.

Juin

Arithmétique. — Étude de la division, le diviseur n'ayant qu'un chiffre, puis deux. Diviser un nombre terminé par des zéros par 10, 100, 1000. Définition de la division.

Calcul oral et mental. — Quadrupler un nombre de deux chiffres. Prendre la moitié d'un nombre pair inférieur à 100. Exercices de division en donnant le produit de deux nombres d'un seul chiffre et l'un de ces nombres. Ex. : En 48, combien de fois 6 ? Pourquoi ? Même exercice en donnant un nombre excédant le produit pour faire observer le reste. Ex. : En 39, combien de fois 7?

Système métrique. — Le gramme, ses multiples et sous-multiples. 3 séries de poids. Forme des poids. Matières dont ils sont faits. Le kilogramme, le demi-kilogramme ou la livre.

Géométrie pratique. — Exercices des mesures et de comparaison des grandeurs.

Juillet

Revision générale.

COURS MOYEN

Octobre

Arithmétique. — Numération parlée et écrite des nombres entiers et décimaux. Décomposer un nombre et dire combien il contient d'unités, dizaines, centaines, mille, de dixièmes, centièmes, millièmes. Addition et soustraction des nombres entiers et décimaux.

Calcul oral et mental: — Ajouter deux nombres de dizaines et unités. Ex. : 48 + 25. Multiplier un nombre de deux chiffres terminé par 9 par un nombre d'un seul chiffre. Ex. : 39 × 4. Opérations inverses de la table de multiplication.

Système métrique. — Avantages du système métrique. Les six unités métriques et leur usage. Multiples et sous-multiples. Numération décimale des unités métriques. Mesures de longueur : le mètre; ses multiples et sous-multiples, Mesures effectives, fictives, itinéraires. La lieue commune.

Géométrie pratique. — Point. Ligne. Différentes espèces de lignes, leurs différentes positions.

NOVEMBRE

Arithmétique. — Multiplication et division des nombres entiers et décimaux. Comment on rend un nombre entier ou décimal 10, 100, 1000 fois plus grand ou plus petit. Comment on multiplie ou divise un nombre entier ou décimal par 0,1, 0,01, 0,001. Preuve par 9 de la multiplication et de la division. Caractères de divisibilité. 2, 5; 3 et 9.

Calcul oral et mental. — D'un nombre de dizaines exactes, ôter un nombre de dizaines et unités. Ex. : 70 - 43. Division, mêmes exercices que dans le cours élémentaire en juin.

Système métrique. — Mesures de surfaces. Mètre carré, are ; leurs multiples et sous-multiples. Numération centésimale. Rapport entre les unités de surface proprement dites et les mesures agraires. Tracer un are dans la cour.

Géométrie pratique. — Le carré, le rectangle, le parallélogramme, le losange, le trapèze. Calculer leurs superficies.

DÉCEMBRE

Arithmétique. — Fractions ordinaires. Expression et nombre fractionnaire. Modifications que subit une fraction en changeant ses termes par addition, soustraction, multiplication et division. Réduction au même dénominateur.

Calcul oral et mental. — Additionner un nombre exact de centaines avec un nombre de centaines, dizaines et unités. Ex. : 400 + 356. Multiplier un nombre de deux chiffres terminé par 1 par un nombre d'un seul chiffre. Ex. : 41 × 6.

Système métrique. — Mètre cube. Stère. Leurs rapports. Numération millésimale des sous-multiples du mètre cube.

Géometrie pratique. — Les triangles. La circonférence. Rapport entre le diamètre et la circonférence. Cercle. Calcul de leurs superficies.

JANVIER

Arithmétique. — Fractions ordinaires. Addition, soustraction et multiplication. Simplification des fractions. Extraction des entiers.

Calcul oral et mental. — D'un nombre de dizaines et unités, ôter un nombre de dizaines et unités. Ex. : 75 — 28 = 77 — 30 = 47 —. Petites règles de trois : 3^m coûtent 6 fr, combien coûtent 5^m, 8^m, 10^m, etc. Rendre une fraction 2, 3, 4 fois plus grande. Ex. : 1° 2/7 × 3 = 6/7 ; 2° 3/2 × 4 = $\frac{12}{2}$ = 6.

Système métrique. — Mesures de contenance. Rapports entre les mesures de capacité et de volume.

Géométrie pratique. — Cube. Parallélipipède. Prisme. Surface et volume.

FÉVRIER

Arithmétique. — Division des fractions. Fractions de fractions. Conversion des fractions ordinaires en fractions décimales et réciproquement.

Calcul oral et mental. — Comment on rend une fraction 2, 3. 4 fois plus petite. Ex. : 1° $\frac{3}{4}$: 4 ; 2° $\frac{18}{24}$ · 6. Diviser un nombre pair de dizaines par 20. Ex. : 180 : 20. Petites règles de trois : 5^m valent 15 fr., combien valent 2^m, 8^m, 7^m, 13^m.

Système métrique. — Le gramme. Les poids. Quintal. Tonne.

Géométrie pratique. — Le cylindre. Surface et volume.

MARS

Arithmétique. — Règle de trois. Rapport direct et inverse. Règle d'intérêt simple ; recherche de l'intérêt, du capital, du taux et du temps.

Calcul oral et mental. — A 0 fr. 80 la livre de viande, quel est le prix d'un hectog. de 3 hectog. d'un hectog. 1/2, de 3 hectog 1/2 ? A 1 fr. 90 le kilog, quel est le prix de 2 kilog. du demi-kilog., de l'hectog. — Diviser un nombre quelconque par 20. Ex : 5460 : 20 = 546 : 2 = 273. Diviser un nombre par 25. Ex ; 875 : 25 = $\frac{875 \times 4}{100}$ Petites règles de trois orales.

Système métrique — Balances. Pesées. Densité.

Géométrie pratique. — Exercices pratiques de cubage. Volume d'un mur, d'un tas de fumier, de bois, d'une timbale.

AVRIL

Arithmétique. — Escompte commercial. Rentes sur l'État. Actions, obligations. Caisse d'épargne. Gain et perte de tant %.

Calcul oral et mental. — Petites règles de trois orales. Diviser un nombre par 0,5 Ex : 34 : 0,5 = 34 × 2 = 68. — Diviser un nombre par 0,25. Ex : 112 : 0,25.

Système métrique. — Les monnaies. Poids. Titre. Valeur relative à poids égal et réciproquement Monnaie fiduciaire. Appoint. Pesées avec des pièces d'argent et de bronze.

Géométrie pratique. — Revision des surfaces. Rapport entre leur grandeur réelle et leur représentation graphique. Échelle Plan. Notions d'arpentage.

Mai

Arithmétique. — Partages proportionnels. Règle de société. Moyenne. Mélanges. Alliages.

Calcul oral et mental. — 1° Combien font 30m85 + 40m50 ? Combien font 0,2 + 0,038 ? Produit de 15 × 12 ; — 45 × 18 ; etc.

Système métrique. — Comment les mesures dérivent du mètre. Calcul des nombres complexes tirés de la division de la circonférence et du temps.

Géométrie pratique. — Cône. Pyramide. Revision des volumes. Applications.

Juin-Juillet

Révision générale. Comptabilité usuelle d'un ménage. (Dépenses. recettes, balance.)

COURS SUPÉRIEUR

Octobre

Arithmétique. — Exposé de la numération des nombres entiers et décimaux avec théorie élementaire. Les quatre opérations raisonnées sur les nombres entiers.

Calcul oral et mental. — Diviser un nombre entier par 125. Ex : 4205 : 125 = $\frac{4205 \times 8}{1000}$. Diviser un nombre entier par 0,125. Ex : 52 : 0,125 = 52 × 8.

Système métrique. — Revision du système métrique. Les mesures de longueur.

Géométrie pratique. — Étude des lignes géométriques et de leur tracé sur le terrain. Division des lignes, des angles. Perpendiculaire à l'aide de l'équerre d'arpenteur.

Novembre

Arithmétique. — Les quatre opérations raisonnées sur les nombres décimaux. Caractères de divisibilité 2, 3, 4, 5. 6 et 9(Preuves par 9.

Calcul oral et mental. — Combien font 5347 — 730? Combien font 115,40 — 102,75 ? etc.

Système métrique. — Mesures de surface. Mesures agraires. Leurs rapports.

Géométrie pratique. — Carré. Rectangle. Parallélogramme. Losange. Trapèze. (Construction, surface, division.) Exercices pratiques sur le terrain.

Décembre

Arithmétique. — Nombres premiers. Plus grand commun diviseur. Plus petit commun multiple.

Calcul oral et mental. — Combien font 36 × 15 ? Combien font 2,04 × 3,2 ? etc.

Système métrique. — Mesures de volumes. Le mètre cube et le stère

Géométrie pratique. — Les triangles. La circonférence, rapport entre le diamètre et la circonférence. Le cercle. Exercices pratiques.

Janvier

Arithmétique. — Fractions ordinaires. Propriétés. Simplification. Réduction au même dénominateur. Nombres fractionnaires. Addition et soustraction des fractions. Extraction des entiers.

Calcul oral et mental. — Diviser un nombre quelconque par un nombre qui est le produit de 2 facteurs. Ex : 462 : 18. (Diviser par chacun des facteurs.) Diviser un nombre quelconque par 0,75. Ex. : 36 : 0,75.

Système métrique. — Mesures de capacité. Rapports entre les mesures de volume et les mesures de capacité.

Géométrie pratique. — Polygones réguliers et irréguliers. Décomposition de ces derniers au tableau et sur le terrain.

Février

Arithmétique. — Multiplication et division des fractions. Carré d'un nombre. Partages proportionnels.

Calcul oral, calcul mental. — Former et apprendre le carré des vingt premiers nombres.

Système métrique. — Mesures de poids. Séries. Poids qui se doublent dans chaque série. Balance. Bascule. Pesées.

Géométrie pratique. — Cube. Parallélipipède. Prisme. Cylindre. Surface latérale et totale.

Mars

Arithmétique. — Règles de trois, simple et composée : directe et inverse. Règle d'intérêt simple. Recherche de l'intérêt, du capital, du taux et du temps. Notions d'intérêt composé. Caisse d'épargne.

Calcul oral, calcul mental. — Racine des carrés des 20 premiers nombres.

Système métrique. — Revision des mesures de surface et de volume.

Géométrie pratique. — Cône. Tronc de cône. Pyramide. Tronc de pyramide. (Volume. Surface.)

Avril

Arithmétique. — Rentes sur l'État. Obligations. Actions (achat et vente). Escompte. Echéance moyenne. Pourcentage.

Calcul oral, calcul mental. — Division de deux nombres ayant un facteur commun. Ex. : 540 : 35. — Diviser un nombre par 250. — Ex. : 1500 : 250.

Système métrique. — Monnaies. (Prog. du cours moyen.) Poids des pièces d'or. Rapports entre les anciennes mesures et les mesures métriques.

Géométrie pratique. — Exercices de cubage. Tas de fumier. Tas de pierres. Fossé. Jaugeage de volumes ayant la forme d'un cône tronqué, du tonneau.

Mai

Arithmétique. — Règle de société. Moyenne. Mélanges. Alliages.

Calcul oral, calcul mental. — Quel est, à l'aide d'une fraction ordinaire, le quotient exact de de 18 : 7, de 35 : 9 ?

Quel est le quotient de 7/8 : 5, de 5 : 7/8 ?

Système métrique. — Rapports entre les anciennes mesures françaises et les unités métriques ?

Comptabilité. — Comptabilité usuelle d'un ménage.

Géométrie pratique. — Notions d'arpentage. Représentation graphique de surfaces et volumes. Echelle. Plan.

Juin

Arithmétique. — Calcul des nombres complexes tirés de la division de la circonférence et du temps. Assurances. Caisse de retraite.

Calcul oral, calcul mental. — Quelle est la surface latérale d'un cylindre, la circonférence étant de 0^m40 et la longueur 1^m ?

Quelle est la surface d'un cercle de 2^m de diamètre, etc.?

Comptabilité. — Papiers de commerce. Reçu. Facture. Billet simple. Billet à ordre avec ou sans endos. Livres de commerce. Notions sur la tenue des livres.

Géométrie pratique. — Arpentage. Sur le terrain. Représentation graphique et à l'échelle de surfaces mesurées.

Juillet

Revision générale.

SCIENCES PHYSIQUES ET NATURELLES, LEÇONS DE CHOSES, AGRICULTURE, HYGIÈNE, ÉCONOMIE DOMESTIQUE

1° But de cet enseignement.

I. — Habituer l'enfant à l'[illegible]ation attentive et réfléchie.

II. — L'amener à remonter toujours des effets aux causes qui les ont produites.

III. — Combattre la routine, les préjugés, les superstitions.

IV. — Inspirer l'amour de la vie des champs, le goût et l'intelligence des choses agricoles.

V. — Former des ménagères ayant l'esprit d'ordre et d'économie.

2° Méthode et Procédés.

I. — L'enseignement scientifique sera, avant tout, expérimental et démonstratif.

II. — Les notions scientifiques qui forment la base de tout l'enseignement seront mises en évidence par l'observation d'un certain nombre de faits, par la réalisation de quelques expériences très simples.

III. — Ces expériences seront faites, soit au cours des leçons, soit dans le jardin de l'école ou sur un terrain d'application, soit encore en pots (expériences agricoles).

IV. — Elles seront complétées par des promenades scolaires.

V. — Ces promenades, dirigées avec tact, seront suivies de comptes rendus dont les meilleurs pourront être conservés à la bibliothèque scolaire.

VI. — Des devoirs d'application, des résumés, des problèmes, des maximes, des lectures compléteront les leçons théoriques.

COURS ÉLÉMENTAIRE ET PRÉPARATOIRE

Leçons de choses. — I. — Ces leçons seront données sous forme de causeries familières.

II. — Les enfants sont amenés à exprimer par de petites phrases complètes ce qu'ils savent déjà ; le maître ordonne et complète les réponses.

III. — Les objets dont il est question sont mis entre les mains des enfants, qui les observent ainsi directement et s'en font une idée plus exacte.

IV. — Si on ne peut se les procurer, on les remplace par des gravures, par des dessins au tableau.

V. — Les mots importants de la leçon sont écrits au tableau noir par le maître en même temps qu'il les prononce.

VI. — Quelquefois, le sujet de la leçon donne lieu à une rédaction très simple, ou un résumé fait par le maître peut servir de dictée.

VII. — L'auxiliaire indispensable des leçons de choses est le musée scolaire, formé avec le concours des élèves.

COURS MOYEN ET SUPÉRIEUR

Sciences physiques et naturelles avec leurs applications

I. — Le maître expose la leçon d'après un plan tracé au tableau noir.

II. — Comme pour les cours inférieurs, il éclairera, vivifiera son enseignement par la vue des objets, par des gravures, des tableaux, par le tracé de croquis au tableau noir.

III. — Il réalisera, souvent avec le concours des élèves, des expériences simples, peu coûteuses et ne présentant pas de dangers.

IV. — Il n'abusera pas des termes scientifiques, mais il ne craindra pas de les employer lorsqu'il sera nécessaire.

V. — La leçon sera suivie d'un résumé, soit oral, soit écrit, destiné à être appris par cœur.

VI. — Ce résumé s'il ne se trouve pas dans le livre sera rédigé en commun par le maître et les élèves.

VII. — Tous les mois au moins, la rédaction portera sur un sujet de sciences.

VIII. — Des tableaux d'histoire naturelle, un herbier élémentaire, un petit nécessaire scientifique, sont indispensables au succès de cet enseignement.

IX. — Les leçons d'agriculture nécessiteront des échantillons de minéraux et de divers terrains de la contrée, des principaux engrais complémentaires, des collections de gravures représentant les meilleures races d'animaux domestiques, les instruments aratoires perfectionnés, les oiseaux et les insectes utiles et nuisibles.

3° Nombre et durée des leçons

I. — Dans les cours élémentaire et préparatoire, il y aura par semaine 3 leçons de choses de 20 à 30 minutes chacune.

II. — Dans le cours moyen et le cours supérieur, il y aura 4 leçons de 30 à 40 minutes, se rapportant à l'enseignement des sciences avec leurs applications (agriculture, hygiène, économie domestique).

4° Role du livre

I. — Le livre sera inutile dans le cours élémentaire et préparatoire ; facultatif, quoique avantageux dans le cours moyen ; indispensable dans le cours supérieur.

II. — L'ouvrage mis entre les mains des élèves ne servira que comme mémento. En aucun cas, il ne suppléera la parole du maître.

8° L'enseignement scientifique dans les diverses catégories d'écoles

I. — Dans les écoles à classe unique, les cours moyen et supérieur suivront les mêmes leçons.

II. — Le cours préparatoire sera réuni au cours élémentaire.

III.— Toutefois, les élèves du cours élémentaire ne resteront pas entièrement étrangers à l'enseignement donné à leurs aînés. On les associera aux leçons les plus simples ; on leur fera observer les petites expériences, et on les préparera ainsi à suivre avec moins de peine les leçons plus substantielles du cours moyen.

IV. — Dans les écoles à deux classes, il n'y aura qu'une leçon chaque classe.

V. — Le programme des écoles de filles sera identique à celui des garçons dans le cours élémentaire.

VI. — Un certain nombre de modifications seront apportées au programme du cours moyen et du cours supérieur.

VII. — Elles auront pour objet de donner à l'enseignement une couleur moins scientifique, tout en réservant une large place à l'hygiène et à l'économie domestique.

VIII. — Il conviendra, lorsque cela sera possible, de donner à l'enseignement ménager un caractère pratique et d'y faire participer les élèves.

IX — Lorsque la leçon ne sera pas commune aux garçons et aux filles dans les écoles mixtes, les élèves qui ne participeront pas à la leçon seront occupés à la confection d'un devoir relatif aux sciences.

RÉPARTITION MENSUELLE

COURS ÉLÉMENTAIRE ET PRÉPARATOIRE

Septembre et Octobre

Pour construire sa maison. — Les pierres, marbre, ardoise. — Tuiles, briques, poteries. — Mortier, chaux, plâtre. — Le bois, charpentier, menuisier. — Le chaume, le couvreur. — Le vitrier, le peintre. - Les métaux, fer, acier, le serrurier. — Cuivre, étain, plomb, zinc. — Argent et or. — Les diverses sortes d'habitations. — La maison des abeilles.

Novembre

Pour s'éclairer. — Torches, chandelles, bougies. — Lampes, huile, pétrole. Gaz d'éclairage. — Lumière électrique. Phares.

Pour se chauffer. — Froid, neige, glace. — Les combustibles, bois, forêt, bûcheron, charbonnier. — La houille, mines et mineurs. — Coke, tourbe. — La cheminée, le poêle. — Suie, ramoneurs, pompiers. — Les allumettes.

Décembre

Pour se vêtir. — Les vêtements. — Le lin et le chanvre, rouissage, peignage, tissage. — Le coton. — La laine; — Quenouille, fuseau, rouet, filatures. — Tissage, teinture. — Aiguilles, épingles. — Les fourrures. — Les chiffons. — Le papier. — Le cuir, chaussures, sabotier. — Chapeaux et coiffures.

Janvier

Pour se nourrir — Le pain, le boulanger, le pâtissier. — La viande, le boucher. — La boutique de l'épicier. —

Le sel, le café, le chocolat, le thé. — Le sucre et les condiments. Oranges et marrons. — Les boissons, l'eau. — Le cidre. — Le vin, la bière. — L'alcool, ses effets.

Février

Le corps humain. — Principales divisions, la tête. — Le tronc et les membres. — Organes des sens : la vue et l'ouïe. — L'odorat, le goût, le toucher. — Par où passe la bouchée de pain, l'appareil digestif. — Races d'hommes. — *Les animaux domestiques* : chien, chat. — Les animaux carnassiers sauvages : loup, renard, ours, lion, tigre, etc. — Ruminants et animaux de la ferme : vache, chèvre, mouton. — Cheval, âne, mulet, porc, services et produits.

Mars

Les oiseaux en général. — Les grands oiseaux carnassiers : aigle, épervier, chouette, hibou. — Les oiseaux de basse-cour : poules, canards, oies, dindons, pigeons. — Les petits oiseaux, leur utilité. — Les nids, protection. Les insctes, papillons et chenilles. — Hannetons et vers blancs. — Abeilles et vers à soie.

Avril

Une promenade dans les champs. — La plante, ses diverses parties, Racine et tige. — Feuilles, fleurs, fruits, graines. — Les plantes alimentaires du jardin. — La pomme de terre. — Les outils du jardinier. — *Une promenade à la ferme.* Instruments du laboureur, charrue, herse, rouleau. — Les semailles, la plante qui germe. — La laiterie, le lait. — Le beurre, le fromage.

Mai

L'Eau, la Mer. — Évaporation, nuages, brouillards, pluie. — Sources, ruisseaux, rivières, fleuves, lacs, puits.

— Usages de l'eau, bienfaits et inconvénients. – La mer, marée, vagues. — Les barques, les matelots. — Animaux et plantes de la mer. — La pêche, poissons de mer et poissons d'eau douce. — Lignes, appâts, filets. — Les bains. Les voyages.

JUIN

Les Travaux de la Ferme, - Notions diverses. — Les prairies, fenaison. — La moisson, le blé, sa récolte, le battage.— Le blé au moulin.— Les autres céréales alimentaires. Les fruits, cerises, prunes, groseilles, confitures. — Poires et pommes. — Les orages, tonnerre, éclair, grêle, paratonnerre. — Les outils de l'écolier, papier, plume, crayon. Les livres, l'imprimerie.

JUILLET

Revision générale.

COURS MOYEN ET SUPÉRIEUR

SEPTEMBRE ET OCTOBRE

Les trois règnes de la nature. — Les trois états des corps. — L'air, sa composition. — L'oxygène, — L'air pur et l'air vicié. — L'atmosphère. — Pression atmosphérique ; expériences simples qui la mettent en évidence. — Le baromètre. — Les pompes. — Le siphon. — Les ballons. — L'eau et l'hydrogène. — Usages de l'eau. — Eaux potables et eaux contaminées. Changements d'état de l'eau. — Vases communicants ; applications.

NOVEMBRE

La Chaleur. Ses effets : évaporation, ébullition, dilatation. — Le Thermomètre. — Conductibilité. — Utilisation de la chaleur. Rayonnement, cloches, châssis.

La lumière, ses effets. — Éclairage et hygiène.

Le Carbone. Charbons naturels, diamant, houille, anthracite, tourbe. — Charbons artificiels ; charbons de bois, etc. — L'Acide carbonique ; combustions vives ; combustions lentes. — Le chauffage. Divers modes et appareils de chauffage ; leurs avantages et leurs inconvénients ; brûlures, asphyxie.

Décembre

Le Soufre et l'Acide sulfureux. — La chaux et le plâtre. Propriétés et usages — La potasse et la soude. — L'azote et l'acide azotique. — Les nitrates en agriculture. — L'ammoniaque et les engrais ammoniacaux. — Le phosphore et l'acide phosphorique. — Les phosphates et superphosphates. Engrais phosphatés. — Revision trimestrielle.

Janvier

L'homme, le squelette. — Les muscles et les tendons. — Le système nerveux. — Les sens. Soins hygiéniques. — La Digestion, organes, fonctions, hygiène. — Le sang, la circulation.

La Respiration ; la peau, son hygiène, — Alimentation de l'homme. — Conservation des aliments. — L'alcool ; boissons fermentées et boissons distillées. — Effets de l'abus de l'alcool. — Le tabac, ses inconvénients.

Février

Les animaux. — Vertébrés et Invertébrés. — Mammifères carnassiers ; chiens, chats ; carnivores, insectivores. — Mammifères herbivores. — Oiseaux. — Reptiles et batraciens. — Poissons. — Les Insectes : hannetons, vers à soie, abeilles. — Insectes utiles et nuisibles. Araignées, vers, mollusques, zoophytes.

Animaux de la ferme. Le cheval : les pieds, les dents, la mâchoire et le tube digestif. — Races de chevaux. —

Nourriture, élevage, emploi et hygiène. — L'âne et le mulet. — Espèce bovine. La Rumination, la météorisation. Races, nourriture et entretien de la vache laitière — Production et utilisation du lait. — Espèces ovine et porcine. — La basse-cour.

MARS-AVRIL

Les Minéraux ; diverses espèces de roches. — Roches argileuses : briques, poteries, faïence, porcelaine ; — roches siliceuses ; grès ; — roches calcaires : marne, craie, marbre. — Les minerais. — Les métaux usuels. — La Terre végétale. — Sol, sous-sol. — Composition chimique du sol ; analyse sommaire d'une terre. Terres franches, terrains argileux, siliceux, calcaires, tourbeux.

Moyens d'améliorer les sols : labours, hersages, roulages. — Drainage et irrigations. — Amendements. — Engrais. Le fumier : Soins à lui donner, le purin. — Les engrais animaux. — Les engrais végétaux. — Les engrais complémentaires

La plante. — Organes de la plante. La racine, description et fonctions — La tige, la sève. — Les feuilles, fonction chlorophyllienne Transpiration. — La fleur. — Les fruits et les graines — Germination. — Familles de plantes; quelques types des principales. — Révision trimestrielle.

MAI

Les céréales. — Le blé : variétés, sol, engrais, semis, récolte, conservation et emploi. — Les céréales autres que le blé : seigle, orge, avoine, maïs, sarrasin, etc. — Les plantes sarclées : la betterave, la carotte, le navet, la pomme de terre. — Les plantes légumineuses. — Les prairies. — Importance : 1° les prairies artificielles, luzerne, sainfoin, trèfle ; 2° les prairies naturelles. — La fenaison. — Conservation des récoltes, des racines et des fourrages. — Les plantes industrielles : textiles, oléagineuses, tinctoriales; plantes médicinales. — Assolements. — Arbres et arbrisseaux. — Le pommier, culture, variétés, soins. — Le cidre. — La vigne. — Distillation.

JUIN

Les travaux du jardin. Sarclages, binages, arrosages, engrais. — Principaux légumes, leur culture. — Conservation des légumes. — Arbres fruitiers, taille. — Multiplication des variétés : semis, marcottes, boutures, greffage ; différentes sortes de greffes. — Conservation des fruits. — Plantes d'ornement : les principales. — Comptabilité agricole

Notions complémentaires relatives à la pesanteur, au son, à l'électricité. Applications.

JUILLET

Revision générale.

Modifications apportées au programme ci-dessus dans les écoles de filles

OCTOBRE

Donner moins de détails sur les notions théoriques relatives à l'air et à l'eau. — Entretien du parquet de la maison d'habitation. — Lavage, balayage ; essuyer, ne pas épousseter. — La chambre à coucher (lit, matelas, rideaux, tapis). — Entretien du mobilier. — Lavage de la vaisselle.

NOVEMBRE

Ajouter au programme des notions sur les ustensiles de la cuisine, leur entretien. — Lampes, entretien et allumage, soins à prendre. — Nettoyage de la fonte. — Inconvénients des chaufferettes.

Décembre

Passer rapidement sur les notions relatives aux engrais. Entretien du linge et des vêtements. La lessive. Emploi du savon, du chlore. — Tenue de l'armoire. — Soins à donner aux chaussures.

Janvier

Même programme, insister sur l'aménagement de la laiterie ; la fabrication et la conservation du beurre, du fromage. — Etudier en détail tout ce qui se rapporte à la basse-cour. — Le poulailler. — Les œufs ; conservation. — Les poussins. — Oies, canards, dindons, pigeons. — Les lapins.

Février

Ajouter : Disposition du couvert. — A propos des aliments, ajouter la fabrication du pain, de quelques pâtisseries et desserts. — Les viandes, conservation, cuisson. — Le pot-au-feu, le rôti. — Préparation de quelques mets usuels — Les empoisonnements.

Mars

Même programme avec un peu moins de développements.

Avril et Mai

Notions générales sur les céréales, les légumineuses, les racines et tubercules ; les plantes textiles, tinctoriales, médicinales. — Plantes usuelles employées dans la guérison des maladies. – Infusions, décoctions. Culture des fleurs.

Juin

Le potager. — Légumes cultivés pour leurs feuilles : choux, laitues, chicorées, oseille, etc — Variétés, culture, récolte. — Légumes cultivés pour leurs bulbes, leurs racines, leurs tubercules : ail; échalote, oignon, poireau, carotte, pomme de terre, etc. — Légumes cultivés pour leurs graines : pois, haricots, fèves. — Cornichons, concombres, melons, artichauts, asperges, tomates, fraisiers; — Conserves.

Les fruits. — Récolte et conservation. — Confitures et compotes. — Greffage des rosiers. — Comptabilité ménagère. Qualités d'une bonne fermière.

ENSEIGNEMENT OCCASIONNEL

En dehors de l'enseignement méthodique et régulier qui devra être donné en suivant l'ordre indiqué par les programmes ci-dessus, les maîtres et maîtresses pourront, par des causeries et surtout dans des promenades, donner cet enseignement occasionnel dont il est question dans l'Instruction du 4 janvier 1897, en tenant compte des facilités offertes par les saisons et la température.

GYMNASTIQUE ET EXERCICES MILITAIRES

I. — La gymnastique est d'une grande utilité au point de vue hygiénique ; elle constitue une diversion heureuse aux exercices spéculatifs de l'école, assure le développement régulier du corps, accroît les forces musculaires, donne de la souplesse et de l'agilité. Elle fait aussi contracter aux enfants l'habitude de l'obéissance passive, discipline leur volonté et les prépare à leurs futurs devoirs militaires.

II. — L'arrêté du 8 août 1890, qui a tracé un nouveau programme de gymnastique pour les écoles primaires, a fait une part très large à une sorte de gymnastique naturelle qui, moins bien définie, mais plus utile que la gymnastique proprement dite, a l'avantage d'être attrayante. La plupart des exercices physiques auxquels se livrent les enfants : rondes, courses, sauts, jeux en plein air, lutte, natation, rentrent dans cette catégorie.

La seconde partie comprend des mouvements combinés en vue d'un but défini, qui s'exécutent au commandement comme les exercices militaires. Elle constituait à elle seule presque tout l'ancien programme de gymnastique.

III. — Pour faire de la gymnastique, les appareils ne sont pas de toute nécessité. Surtout lorsqu'il s'agit de jeunes enfants, les exercices élémentaires, tels que les mouvements des bras et des jambes, les marches, les sauts, développent d'une manière très satisfaisante les forces musculaires et suffisent à donner de l'agilité et de la souplesse; les exercices avec appareils sont un complément utile, non indispensable.

IV. — On suivra, pour l'ordre et la gradation des exercices, le manuel officiel. Les mouvements seront répétés assez longtemps pour que les résultats soient apparents, mais pas trop pour éviter la monotonie qui ne tarderait pas à lasser l'attention des élèves.

V. — Il est expressément recommandé au maître d'exécuter toujours lui-même au préalable le mouvement en même temps qu'il l'explique. Les élèves le répètent ensuite simultanément.

VI. — Les maîtres ne toléreront dans aucun cas que les élèves se laissent entraîner à des actes exagérés de force ou de hardiesse, qui pourraient occasionner des accidents et engager leur responsabilité. Ils devront s'appliquer à développer la force des élèves par un travail progressif, sagement mesuré, en rapport avec leur âge et l'état de leur constitution. Ils exigeront beaucoup d'ordre, le silence dans les rangs, une attitude régulière sans raideur et expliqueront aux élèves le but de chaque exercice.

VII. — Il y aura chaque semaine 2 ou 3 leçons de gymnastique. Ces leçons seront placées à l'heure des récréations ou à la sortie des classes.

VIII. — Les directions qui précèdent s'appliquent aux exercices militaires. Pour les élèves âgés de plus de 10 ans, on y ajoutera les exercices de tir à la carabine Flobert.

IX. — Pendant les exercices de tir, le maître ne perdra pas de vue les enfants, et se tiendra à côté du tireur afin d'éviter tout accident. Les résultats du tir seront notés et serviront à établir le classement entre les élèves.

X. — Il ne sera pas établi de répartition mensuelle pour cet enseignement. (Ci-après les programmes officiels que les maîtres appliqueront en tenant compte des besoins et de la force de leurs élèves.)

GYMNASTIQUE

Écoles de garçons

Cours préparatoire et élémentaire

Évolutions. — Premiers exercices rythmés. — Jeux variés (corde, balle, cerceau, etc.), et jeux impliquant l'action de courir. — Premiers exercices d'ordre (formation des rangs, marches, ruptures et rassemblements, etc.), sauts divers, à l'exclusion du saut en profondeur.

Cours moyen

Jeux. — Mouvements élémentaires sans appareils. — Continuation des exercices d'ordre (marches rythmées, doublement, dédoublement). — Mouvements élémentaires de la boxe française. — Planche d'assaut. — Natation.

Cours supérieur

Jeux. — Promenades scolaires. — Continuation des exercices indiqués pour le cours moyen. — Évolutions à la course cadencée. — Mouvements d'ensemble avec instruments appropriés à l'âge des enfants. — Suite des exercices de boxe. — Bâton, canne. — Exercices deux à deux avec cordes ou barres. — Exercices aux échelles (échelle horizontale, échelle inclinée, échelle avec planche dorsale, échelles jumelles). — Perches verticales fixes par paire. — Poutre horizontale. — Mât vertical.

Écoles de filles

Mêmes exercices que dans les écoles de garçons, à l'exception de la boxe, du bâton et de la canne, qui seront remplacés par la danse et des jeux spéciaux.

EXERCICES MILITAIRES ET TIR

Cours élémentaire

Exercices de marche, d'alignement, de formation des pelotons, etc. — Préparation à l'exercice militaire.

Cours moyen

Exercices militaires. — École du soldat sans armes. — Principes des différents pas. — Alignements. — Marches, contremarches et haltes. — Changement de direction.

Tir. — Exercices de tir à 10 mètres à la carabine Flobert (pour les élèves de plus de 10 ans).

Cours supérieur

Exercices militaires. — Révision de l'école du soldat sans armes. — Mécanisme des mouvements en ordre dispersé. — Marches militaires et topographiques.

Exercices préparatoires au tir. — Notions sur les lignes de tir. — Étude pratique sur le mécanisme du fusil. — Exercices de tir à 10 mètres à la carabine Flobert.

DESSIN

I. — A l'école primaire, l'enseignement du dessin a pour but, non seulement de donner aux enfants des notions pratiques qui pourront leur être plus tard d'un grand secours dans la vie (croquis d'un objet, lecture d'un plan), mais encore et surtout de développer en eux l'esprit d'observation, en leur apprenant à bien voir, c'est-à-dire à réfléchir, à comparer et à juger sainement, de leur faire acquérir la dextérité et la sûreté de la main, de faire naître, dans une certaine mesure, le goût du beau.

Cet enseignement est donc de première importance, surtout à notre époque, en face du développement croissant de l'industrie, de la mécanique et des arts, et l'on ne saurait trop tôt en donner le goût aux enfants.

II.— L'éducation de l'œil est beaucoup plus importante, plus longue et plus difficile que celle de la main ; celle-ci s'assouplit vite et obéit facilement, si l'œil est assez habile pour la bien conduire. Aussi, dans l'enseignement du dessin, se proposera-t-on plutôt l'éducation de l'œil que l'habileté technique d'exécution.

III. — Cet enseignement sera surtout concret. Autant que possible, il marchera de pair avec l'enseignement de la géométrie pratique et du travail manuel.

IV. — On bannira le procédé consistant à faire copier servilement des modèles, qui ne met en jeu aucune des facultés d'observation et de raisonnement. On fera de préférence représenter des objets usuels de forme simple et des motifs géométriques.

V. — La leçon de dessin sera collective ; tous les élèves d'une même division seront occupés ensemble à un même travail. La leçon commencera par l'observation du modèle.

Les élèves en analyseront sous la direction du maître, la forme, les dimensions, les rapports des parties principales. Les détails ne viendront qu'en dernier lieu.

VI. — Dans les cours élémentaire et préparatoire, il sera bon que le maître exécute lui-même, au tableau noir, le tracé en même temps que les élèves, qu'il leur dicte, pour ainsi dire, le modèle ligne par ligne Dans les cours supérieur et moyen, une plus large part d'initiative sera laissée à l'élève ; le maître se bornera à quelques indications brèves, ou bien encore il laissera les élèves découvrir eux-mêmes les procédés d'exécution.

VII. — S'il s'agit d'un objet usuel à reproduire, le maître devra se le procurer et le placer sous les yeux des élèves.

VIII. — Pour la correction, le maître circulera dans les tables, et rectifiera, ou mieux fera rectifier par chacun les parties mal exécutées. Si une faute a été commise par plusieurs élèves, elle donnera lieu à un supplément d'explication.

IX. — L'emploi du papier quadrillé, qui dispense l'enfant d'avoir à faire des appréciations et des reproductions de rapports, doit être banni, si ce n'est dans le cours préparatoire. Dans les autres cours, les élèves seront munis de préférence d'un cahier spécial, fait de papier bulle ou de papier blanc pas trop lisse.

X. — Outre la reproduction de modèles tracés et expliqués au tableau noir, d'objets placés devant les yeux des élèves, le travail de ceux-ci consistera encore dans l'étude et la récitation de notions géométriques élémentaires, dans des exercices de dessin de mémoire, de dessin dicté et de dessin très simple d'invention avec des motifs donnés.

XI. — Tous les exercices seront exécutés au crayon et à main levée, c'est-à-dire sans le secours d'instruments, à moins qu'il ne s'agisse de dessin géométrique dans le cours supérieur. Ces exercices seront exécutés dans des proportions d'autant plus grandes que les élèves seront plus âgés On indiquera le nom de l'objet ou du motif dessiné et la date de l'exécution.

XII. — Les collections de dessins d'assez grandes dimensions pour être facilement aperçus de l'extrémité de la classe, peuvent rendre des services en ce sens qu'elles font gagner du temps, puisqu'elles dispensent le maître de recommencer le tracé à chaque nouvelle leçon; mais elles n'en exigent pas moins une démonstration au tableau noir.

XIII. — Les modèles en plâtre ne présentant qu'un faible relief seront reproduits par les élèves du cours moyen comme s'ils étaient placés de face.

XIV. — Il y aura, chaque semaine, 2 ou 3 leçons de 30 à 40 minutes chacune dans les cours élémentaire, moyen et supérieur. Une petite leçon de 15 minutes aur lieu chaque jour dans le cours préparatoire.

Cours préparatoire

Septembre-Octobre. — Lignes verticales et horizontales. — En montrer dans la classe. Comparer la longueur de ces lignes. Exercices nombreux se bornant à la combinaison d'horizontales et de verticales à traits simples. — Clous, crochets, lettres E, F, H, L, I, T, carré, croisée, carreau.

Novembre. — Comme le mois précédent. — Exercices à traits doubles.

Décembre. — Division des horizontales et des verticales en parties égales. Exercices. — Croix, Denticules Échelle, Perchoir, Volet, Grille, Fenêtre, Domino, Drapeau, Maillet, Banc de pierre.

Janvier. — Comme le mois précédent. — Quelques-uns des exercices avec traits doubles. — Équerre, Verre à boire, Tableau noir. — Pelle. — Té. — Équerre posée sur la règle.

Février. — Lignes obliques. — Combinaisons avec les horizontales et les verticales. — Chevrons. — Fourche. Lettres A, K, N, M, V, X, Z. Combinaisons pour former des mots.

Mars. — Mêmes exercices qu'en février, avec traits doubles — Plume, Boulon, Flèche.

Avril. — Chapeau en papier. - Képi, Petit bateau, Poteau. Différents genres de bordures simples. — Tasse et soucoupe. Bêche.

Mai. — Terrine, Poêlon, Encrier, Pipe, Étoile, Éteignoir, Marteau, Soufflet.

Juin. — Niche, Maisonnette, Tour, Entonnoir, Bouteille à encre, Timbale au lait, Portefeuille, Seau, Tente.

Juillet. — Révision.

Nota. — Tous les objets indiqués ci-dessus sont représentés en silhouette.

Cours élémentaire

Septembre-Octobre. — Verticales de différentes longueurs. Appréciations de rapports. — Mêmes exercices avec des lignes horizontales. - Division de ces lignes en parties égales. — Exercices nombreux à l'aide de traits simples ou doubles. Ex. : Échelle, Niche, Commode, Clôture.

Novembre. — Les lignes obliques. — Combinaisons d'obliques avec les verticales et les horizontales. — Ex. : Stère, Guérite, Moulin à café, Encrier, Chevalet.

Décembre. — Les parallèles. — Lignes verticales et lignes horizontales parallèles. Applications. — Les angles. — Tracé des angles; en montrer. — Importance de l'angle droit. — Lettres majuscules.

Janvier. — Le carré, tracé du carré, a diagonale. — Nombreuses applications. Objets usuels : Charnière, Entrée de serrure, Cadre, Volet, Croisée, Grille.

Février. — Le Rectangle. Applications. — Niveau de maçon. — Le triangle. — Le losange. — Combinaisons avec le rectangle.

Mars. — Objets usuels : Pavillon, Couperet, Coupe-papier, Targette, Barrière.

Avril. — La ligne courbe. — Combinaisons de droites et de courbes. — Bordure. — Croissant. — Faucille. — Demi-circonférence. Circonférence inscrite dans le carré. — Carré inscrit dans la circonférence. Objets usuels : Ballon, Poulie, Cerceau.

Mai. — Division de la circonférence. — Octogone régulier. — Polygones réguliers. Étoiles.

Juin. — Dessiner à vue des objets très simples et des solides géométriques : banc, cube, piramide, cylindre, cône,

Juillet. — Révision générale.

Cours moyen

Octobre. — Révision du cours élémentaire par les exercices suivants : lignes droites, horizontales, verticales, obliques. Leur division en parties égales. — Parallèles. — Perpendiculaires.

Novembre. — Différentes sortes d'angles — Leur division en parties égales. — Différentes sortes de triangles. — Carré, rectangle, parallélogramme, losange, trapèze.

Décembre. — Ornements simples formés de lignes droites et combinés avec les polygones précédents : carrelages, parquets, etc.

Janvier. — La circonférence — Sa division en parties égales. — L'hexagone régulier. — Le triangle équilatéral. — Étoile à six pointes. — Octogone régulier. — Étoile à 8 pointes. — Différents genres de rosaces.

Février. — Pentagone régulier. — Étoile à 5 pointes. — Entrelacements. — Rosaces composées de lignes courbes.

Mars-Avril. — Courbes usuelles : ellipse, ovale, ove, spirale. — Courbes empruntées au règne végétal, tiges et feuilles. Fleurons, fleurs et fruits.

Mai. — Notions de perspective cavalière ou dessin à vue d'objets très simples, tels que cubes, parallélipipèdes. Application à des objets usuels : tables, bancs, tabourets, palissade, établi, etc. — Plâtres à faible relief.

Juin. — Suite des notions de perpective cavalière : prisme, cylindre, cône, sphère. Application à des objets usuels. Croquis cotés très simples ; plumier, bouteille à encre, marteau, table, banc, etc.

Juillet. — Continuation des exercices précédents. — Plâtres à faible relief. — Révision.

Cours supérieur

Septembre-Octobre. — Usage de l'équerre, de la règle et du compas. Principales constructions géométriques. — Perpendiculaires et parallèles. Fleurs, feuilles, fruits, feuille d'acanthe.

Novembre. — Division des lignes en parties égales 2, 4, 8, ensuite en un nombre quelconque. — Les angles, leur division. Palmettes, rinceaux, culots.

Décembre. — Les triangles et les quadrilatères. — Construction. Oves, rais de cœur, perles, denticules.

Janvier. — La circonférence. Division. Polygones réguliers : hexagone, triangle équilatéral, dodécagone, carré, octogone. Carrelages divers. Éléments de lavis.

Février. — Pentagone et décagone réguliers. — Polygones étoilés. Tangentes.

Mars. — Raccordements les plus simples des lignes et

des arcs. Moulures. — Courbes usuelles : anse de panier, ove, ovale, ellipse, spirale.

Avril — Notions de dessin perspectif à vue. — Règles principales — Représentation du rectangle, du cercle, du parallélipipède, du cylindre.

Mai. — Application à des objets usuels. — Banc, abat-jour, seau, casserole, cruche, caisse à bois, table, litre en bois, baquet, chaise. Quelques notions sur les ombres

Juin. — Dessin de quelques reliefs ou modelages avec motifs géométriques. — Palmettes, oves, rais de cœur. — Croquis cotés. Élévation plan, profil, coupe de solides simples.

Juillet. — Application des croquis cotés à quelques objets usuels — Niveau de maçon, porte, baie de fenêtre, stère, tabouret, voûte, cheminée, monument (élévation). — Banc, pot à fleurs, litre en bois, poids (élévation. plan et coupe). Salle de classe (plan). — Développement des principaux solides géométriques.

CHANT

I. — A l'école primaire, l'enseignement du chant a pour but, non seulement de favoriser le développement des aptitudes naturelles des enfants en ce qui concerne l'étude de la musique vocale, mais aussi de leur rendre moins monotone le séjour de l'école, de procurer à leur esprit un délassement agréable. Il est encore utile en ce sens qu'il règle les mouvements dans les exercices, et vient en aide à la discipline. De plus, il concourt à l'éducation morale, tend à élever l'âme et crée plus tard un passe-temps agréable aux enfants qui auront contracté le goût de la musique.

II. — Les exercices comporteront : 1° des morceaux de chant appris par l'audition, 2° l'étude du solfège ou la théorie musicale.

III. — Pendant l'exécution d'un chant, on exigera une bonne tenue du corps, une respiration bien mesurée, une émission nette des sons, une bonne articulation et une prononciation claire. On veillera à la justesse dans les sons et dans le ton. Il importe surtout de ne pas laisser crier les enfants : le chant à demi-voix est plus agréable.

IV. — Il sera toujours avantageux de faire étudier et d'expliquer séparément, comme exercice de récitation, les paroles de la mélodie.

V. — Dans les cours préparatoire et élémentaire, on se bornera à l'étude, par audition, de petits airs faciles, entraînants, et associés, autant que possible, à des exercices physiques (rondes, jeux, marches). Le maître chante d'abord le morceau lentement; il le fait répéter ensuite par les trois ou quatre élèves qui ont la voix la plus juste, puis par tous. De cette façon, l'enfant peut apprendre, dans sa première année scolaire, huit à dix petits chants à une voix.

On y ajoutera la lecture pure et simple des notes pour les élèves du cours élémentaire.

VI, — Dans le cours moyen et supérieur, les exercices de solfège alterneront avec les chants d'ensemble. Tout d'abord, ces chants seront d'une extrême simplicité. Les difficultés seront sagement graduées. On se bornera aux chants à une ou deux voix. Les progrès seront hâtés si l'on fait solfier au tableau noir, en battant la mesure, des airs connus.

VII. — Le répertoire des élèves comprendra des mélodies, des morceaux moraux, patriotiques, récréatifs, etc. D'une manière générale, on donnera la préférence à la musique sérieuse, simple, produisant une impression forte.

de l'exécution, classés et conservés par les élèves dans la section enfantine. Ce cahier reste la propriété de l'élève.

IV. — Les élèves seront pourvues, selon leur âge, d'un sac, d'une pochette ou d'une ménagère, autant que possible confectionnés par elles et propres à contenir : dé, aiguilles, fil, ciseaux, centimètre et pièces d'exercice.

V. — Les exercices sur pièces d'essai prévus au programme du cours moyen seront limités au strict nécessaire ; on devra aussitôt que possible passer à la confection d'objets usuels. » (*Extrait des instructions officielles.*)

VI. — Il serait nécessaire, pour appliquer ce programme, 1° d'obtenir de la municipalité tous les matériaux indispensables ; 2° de préparer les travaux manuels avant les leçons.

VII. — Il sera formé, avec les spécimens des meilleurs travaux des élèves, un album collectif qui restera la propriété de la classe.

VIII. — Il y aura chaque semaine, en 2 leçons, 2 heures 1/2 de couture dans les cours préparatoire, élémentaire et moyen et 3 heures dans le cours supérieur.

RÉPARTITION MENSUELLE

Section enfantine

Septembre-Octobre

Exercices de pliage. — Diverses applications du carré. Pliages usuels : cerf-volant, moulin à vent, porte-cigare, bateau, cocotte, porte-monnaie, boîte, etc.

Novembre

Exercices de tressage. — 1° En papier, 2° en laine. Enlacement de bandes, feston, accordéon, etc.

Exercices de découpage. — Découper avec les doigts de petites feuilles de papier de manière à représenter des objets divers : pot à fleur, bêche, parapluie, divers motifs, servant à l'application de lignes droites et de lignes courbes, fleurs.

Décembre

Exercices de tissage en papier. Motifs divers.

Janvier

Exercices de tissage en laine. Premiers éléments de la reprise.

Février

Crochet. — Étude de la maille simple et de la maille double. Chaînettes et barrettes.

Mars

Application des exercices précédents à des objets usuels: Manchettes, cache-nez, fichus, jupons.

Avril

Continuation des mêmes exercices.

Mai

Exercices préparatoires au point de marque sur du carton perforé, puis sur du gros canevas.

Juin

Applications : tapisserie, pelotes, petits canevas, ronds de serviettes, dessous de lampes.

Juillet

Révision.

COURS ÉLÉMENTAIRE

Septembre-Octobre

Habituer les élèves aux travaux d'aiguille en mettant entre leurs mains des aiguilles, de la laine et du carton perforé. Apprendre à choisir, classer, harmoniser les teintes.

Faire exécuter des dessins différents sur le carton : losanges, rosaces, fleurs, étoiles, etc.

Novembre

Crochet. — Mailles doubles, triples, quadruples. Apprendre quelques points d'exécution facile. Confection de fichus, cache-nez, manchettes, jupons.

Décembre

Mêmes exercices que pendant le mois de novembre.

Janvier

Tricot. — Son utilité. Montage des mailles. Montage simple avec une aiguille ; montage avec deux aiguilles. Maille à l'endroit. Maille à l'envers.

Février

Tricot. — Intercaler les mailles à l'endroit, les mailles à l'envers, former des côtes. Manière de diminuer ou d'augmenter le tricot. Jarretières, manchettes.

Mars

Couture. — Sur du carton perforé apprendre les éléments de couture; point devant, point arrière, point de côté, point de marque, surjet.

Avril

Sur du canevas à fils comptés, puis sur du canevas étamine, faire reproduire tous les points étudiés précédemment. Former au point de marque des lignes droites, brisées, obliques.

Mai

Sur du canevas étamine confectionner un marquoir en commençant par les lettres les plus simples.

Juin

Sur un tissu plein, mou et assez gros, faire des ourlets, des surjets, des coutures rabattues. Reprises sur gros canevas.

Juillet

Application des exercices de couture sur torchons, mouchoirs, essuie-mains, serviettes, etc.

COURS MOYEN

Septembre-Octobre

Tricot. — Mailles à l'endroit. Mailles à l'envers. Côtes. — Augmentation et diminution du tricot. — Applications : bas, chaussettes.

Novembre

Crochet. — Étude de quelques modèles. Confection de manchettes, fichus, jupons, cache-nez, couvertures.

Décembre

Couture. — Étude des éléments de couture sur de la grosse toile : point devant, point arrière, piqué, point de côté.

Janvier

Ourlet, ourlet piqué, surjet, couture rabattue, pièces à un coin, pièces à deux coins.

Février

Point de marque, points de côté de droite à gauche, puis de gauche à droite. Croiser les points. Former des lignes droites, obliques, courbes.

Mars

Confection d'un marquoir sur de la grosse toile. Commencer par les lettres les plus simples.

AVRIL

Point de boutonnière. Boutonnières. Brides appliquées. Œillets. Pose de boutons.

MAI

Reprises : 1° sur du canevas régulier, 2° sur du canevas étamine, sur tricot et sur du tissu ordinaire.

JUIN

Confection de petits objets : layette, chemise, jupon, taie d'oreiller, tablier, brassière, pantalon, camisole, etc.

JUILLET

Continuation des objets commencés précédemment. Filet. Étude de la maille.

COURS SUPÉRIEUR

SEPTEMBRE-OCTOBRE

Tricot. — Confection de : bas, chaussettes, jupon, brassière, bonnet, chaussons.

NOVEMBRE

Crochet. — Confectionner les mêmes objets au crochet.

DÉCEMBRE

Révision des exercices de couture du cours moyen : point devant, point arrière, piqué, point de côté, point de marque.

JANVIER

Couture rabattue en biais, fronce, bordage, plis, ruches et plissés.

FÉVRIER

Points de flanelle, de chaînette, d'épine, de feston ; jours très simples ; exercices sur pièces d'essai. Applications variées.

Mars

Raccommodage. Reprises en biais sur toile et sur drap.

Avril

Continuation des mêmes exercices qu'en mars.

Mai

Pièces à un coin, à quatre coins; pièces arrondies exécutées en surjet et en couture rabattue.

Juin

Notions de coupe : taies d'oreiller, chemises, tabliers, jupons, pantalons, camisoles, chemises de nuit, robes et blouses d'enfant.

Juillet

Continuation des exercices précédents. Usage et maniement de la machine à coudre. Exercices élémentaires de couture à la machine.

Caen — Ch. VALIN, imprimeur de la Préfecture, 7 et 9, rue au Canu

www.ingramcontent.com/pod-product-compliance
Lightning Source LLC
Chambersburg PA
CBHW071525200326
41519CB00019B/6078
* 9 7 8 2 0 1 3 0 1 4 1 8 2 *